圆梦人生

曹林光 著

暨南大学出版社
JINAN UNIVERSITY PRESS

中国·广州

图书在版编目（CIP）数据

圆梦人生 / 曹林光著. —广州：暨南大学出版社，2014.5
ISBN 978 - 7 - 5668 - 0946 - 9

Ⅰ．①圆… Ⅱ．①曹… Ⅲ．①毛主席诗词—鉴赏②诗集—中国—当代 Ⅳ．①A841.4②I227

中国版本图书馆 CIP 数据核字（2014）第 039527 号

出版发行：暨南大学出版社

地　　址：	中国广州暨南大学
电　　话：	总编室（8620）85221601
	营销部（8620）85225284　85228291　85228292（邮购）
传　　真：	（8620）85221583（办公室）　85223774（营销部）
邮　　编：	510630
网　　址：	http://www.jnupress.com　http://press.jun.edu.cn

| 排　　版： | 广州良弓广告有限公司 |
| 印　　刷： | 深圳市新联美术印刷有限公司 |

开　　本：	787mm×960mm　1 / 16
印　　张：	17.25
字　　数：	192 千
版　　次：	2014 年 5 月第 1 版
印　　次：	2014 年 5 月第 1 次

| 定　　价： | 36.00 元 |

（暨大版图书如有印装质量问题,请与出版社总编室联系调换）

圆梦人生

蔡东士（中共广东省委原副书记）为本书题字

毛主席詩詞鑒賞交響曲

音樂內涵之語言教科書

曹东林　山东省书法家协会会员、六代书法世家

读曹林光先生开篇《毛主席诗词鉴赏交响曲》有感

（序一）

吴茂信 *

每当诗卷在手上摊开，一股深情厚意便迎面扑来。在毛主席雄伟奇丽的诗词背景中，飘出诗人曹林光一首首情真意切、感人肺腑的诗篇。这些与毛主席诗词相呼应的诗章语言流畅，寓意深邃，丰富多彩，赏心悦目。作者以诗的语言，再现毛主席惊天地、泣鬼神的丰功伟绩，展示毛主席映山河、昭日月的气度才情，赞颂毛主席贯长虹、震乾坤的目光襟怀。与此同时，也颂扬了中国共产党的光辉历程，描绘了中国革命和建设的壮丽画面。作者学习毛主席《七律·长征》诗，情怀激荡，按捺不住汹涌澎湃的思绪，纵情讴歌红军：

> 越岭夺桥征恶水，
> 擒黑缚虎拔顽营。
> 乾坤力挽威中外，
> 举世丰功照汗青。

学习毛主席《沁园春·雪》，深为毛主席的雄才大略所折服而直抒情怀：

> 毛公胸臆贯河山，
> 画地风光抒壮观。
> 盖世雄才三界鼎，
> 浩然伟略九天旋。

读了毛主席《七律·人民解放军占领南京》，对毛主席领导中国革命，彻底改变中国命运的宏图伟业敬佩有加而慨然高唱：

★ 吴茂信，广州市政协原秘书长（广州市正厅级巡视员）、知名作家、中国作家协会会员。

天堑纵然存恶浪，
枪林岂阻灭豺狼。
神兵洒血沃疆土，
怒气横云拼战场。

从以上诗句，可见作者深刻领会了毛主席诗词的内涵，独具匠心地表达自己的感想，饶有诗意，真切感人，作品具有较强的现实意义和艺术魅力。这是这本诗集的突出特点。

作者面对伟人的诗词，有自信，有勇气，敢于创新，是这本诗集的另外一个特点。他从学习毛主席诗词的感怀出发，以步毛主席诗词雅韵为形式，为学习、研究、弘扬毛主席诗词的精神与风格提供了一个新的空间，也为诗词写作拓宽了题材。这篇《毛主席诗词鉴赏交响曲》必定能起到抛砖引玉的作用，将有更多更优秀的这类题材的作品问世，在弘扬中国特色社会主义文化的主旋律中，在实现中华民族伟大复兴中国梦的进程中发挥积极作用。同时，我们期望这部具有音乐内涵的语言教科书能给读者带来福音，能成为读者的良师益友。衷心祝贺作者曹林光先生用辛勤汗水浇灌的这朵社会主义文化之花绽放得更加灿烂！

喜逢盛事，乘兴赋诗一首，以表对曹林光先生的敬意，并与读者共勉：

伟人杰作万民传，
接力弘扬任在肩。
聚宝探骊焉畏苦，
寻章索句不言难。
抒怀步韵书情意，
交响奏鸣动地天。
引玉抛砖功显著，
百花齐放竞争先。

癸巳年冬于广州

一本很有思想内涵和艺术韵味的好书

——读曹林光先生《圆梦人生》

（序二）

徐 英[*]

  曹林光先生诗集《圆梦人生》描写了作者自己的人生历程：天真的农村学童，理想的回乡知青，先进的"社教"小将，艰辛的集体农民，苦干的国营工人，光荣的人民教师，进取的图书馆员，拼搏的文化商家，豪迈的诗人。它是作者的人生缩影，也是新中国发展过程的一个见证。作者生于甜水里，长在红旗下，他的成长与共和国息息相关。可以说，他的一生是艰苦奋斗的一生，也是光荣幸福的一生，是值得骄傲而无悔的人生。

  诗集《圆梦人生》内容丰富，题材广泛。其语言畅达，直抒胸臆，吐露真情，个性鲜明，激情与理想追求融会，人生体验与社会层面结合。许多诗章诗意盎然，含蓄凝练，形象逼真。读其诗，则如见其人，知其心，也从某个方面加深了对社会的了解。诸如《出生》、《分田》、《大跃进侧记》、《垂纶》、《捉鸟》、《放风筝》、《后洋挑薯》、《人民公社侧记》、《卖竹》、《学雷锋》、《干部"三同"》、《红卫兵》、《上山下乡》、《峥嵘岁月》、《入党》、《三中全会好》、《为师赋》、《颂胡锦涛总书记》、《和睦乡村》、《颂牡丹》、《心志》、《习近平总书记视察广东》、《中国梦》、《观瀑布》、《庐山》、《黄河》、《广州历史文化》、《雷州文化》等篇章，有赞美新中国佳句："国徽肃穆禾苗壮，社稷暖和花卉新。"有刻画童真："巧设笼筐遮耳目，妙修陷阱引鹂黄。"有歌颂干部"三同"："随群议事同锅饭，与众谈心共陌田。"有描写知青激情岁月："公社沃田收稻急，农场僻岭割胶忙。"有赞颂改革开放："工商兴旺金娃抱，农副丰收银浪翻。"有教师感怀："绕月转窗思远景，拿云汲雨壮清香。"有励志

---

  [*] 徐英，华南师范大学文学院教授。

名言："铁棒成针堪耐性，水帘穿石乃恒怀。""可上九天明月揽，五洋捉鳖凯歌还。"有描写山水风光："化为三江归四海，奔腾不息惠千年。""人生好比庐山景，无限风光在险峰。"有描述历史文化："雷神崇拜威华夏，石狗闻名冠宇寰。""少爷东山歌靓丽，西关小姐舞翩跹。"

从《圆梦人生》细致而深刻的描写、理智的思辨以及真挚的情感抒发，可以看出作者对美好人生的热情向往和积极追求，对崇高理想的殷切期盼和努力进取。诗作对那难忘的青春年华的追忆，对那回首人生的感悟，将自己所经历的酸甜苦辣，用精美的语言，坦露了独具特色的情怀，很能给读者以有益的启迪，很能引起读者共鸣。作者在人生历练中，勤勉踏实，力争上游，勇往直前，从贫困家庭、从苦难童年一步一个脚印，经受风风雨雨的考验，历尽沧桑，终于闯出了一条幸福的人生之路，到达成功的彼岸。这些在《童梦》、《除夕借锅》、《童年苦难》、《鞭策》、《回眸》、《拾荒买鞋》、《寒窗辛酸》、《还债》、《拉牛车》、《南兴市场茅轩》、《雷中棚居生活》、《穷则思变》、《艰辛创业》、《奋斗成功》、《人生感怀》等诗章中得到充分的表现。他超常的意志、毅力、勇气和智慧，令人钦佩。《圆梦人生》是一部很有思想内涵和艺术韵味的好书，很值得大家欣赏阅读。

读罢《圆梦人生》，我为曹林光先生的精神所感动，谨赋《清平乐》一阕以作收结：

清平乐·《圆梦人生》有感

词斟字究，每首皆优秀。立德立言多成就，兼是诗坛里手。　　艰辛创业辉煌，为富行仁儒商。懿范华章铭记，后昆世代传扬。

癸巳年冬于广州

诗言志徑淫方

贺曹林光诗家佳作竣榫

癸巳年冬月　陈坚书

陈坚　广东省人大原副主任

作者（左一）与广东省人大原副主任陈坚乡兄（右一）探讨《圆梦人生》创作

作者（左一）与广州市政协原秘书长（广州市正厅级巡视员）、知名作家吴茂信乡兄（右一）研究律诗技巧

杏壇培桃李

雅苑植芝蘭

賀曹柏之诗画佳作复梓

癸巳冬月 王兆林一題

王兆林　广东省政协原副主席

作者（右一）与广东省政协原副主席王兆林乡兄（中）及著名书画家胡江教授（左一）于暨南大学古月轩合影

作者（左一）向广东省政协原副主席王兆林乡兄（右一）请教书法

胡江 著名书画家、暨南大学兼职教授、广东省人民政府文史馆馆员、中央文史研究馆书画院南方分院副院长，享受国务院特殊津贴

作者（左一）向广东省政协原副主席王兆林乡兄（右一）请教诗艺

作者（左一）与著名书画家胡江教授（右一）欣赏书法画作

诗吟惊慨句

胸藏五车书

贺曹好光诗家住作竣摔

癸巳十二月莫各伯题

莫各伯　中国诗书画院副院长，广东文联艺术馆首任馆长，著名书画家、雕刻家、诗人，《诗画评鉴》总编辑

作者（右一）与中国诗书画院副院长，广东文联艺术馆首任馆长，著名书画家、雕刻家、诗人，《诗画评鉴》总编辑莫各伯乡兄（中）及湛江市政府驻广州办副主任曹兴华宗弟（左一）于广州艺术馆合影

作者（左一）向中国诗书画院副院长，广东文联艺术馆首任馆长，著名书画家、雕刻家、诗人，《诗画评鉴》总编辑莫各伯乡兄（右一）请教诗艺

圆梦缘自艰辛

曹林光方家正之

癸巳冬雷州碑廊李建华书

李建华　中国书法家协会会员、广东省人民政府文史研究馆特聘馆员、雷州碑廊创始人

少小歷經風雨敲樓冰銜膽敢擒蛟磨礱
砥礪煙霞蔚啟智躬修珠玉雕天道酬勤
開慧眼賞宮振鐸育靈苗探驪蹈海真奇
士夕照青山驥騄驕

其一

曹林光君圓夢人生詩集題梓卜賀
癸巳年大雪後陵川王貴雲併書

年逢甲子學推敲篤信池鱗能化蛟克難
雄心功自樹攻堅壯志璞常雕詩書飽讀
識珍品沃土傭耕長菁苗錦繡芸篇圓鳳
薈清新雋逸賀天驕

疊韻二首

曹林光君圓夢人生詩集題梓卜賀
癸巳大雪後賦就王貴雲併書

王贵云　广东岭南诗社副秘书长、《岭南诗歌》编辑

诗坛林苑泽清光

德韵醇情岁月长

为我中华争异彩

惊神泣鬼铸辉煌

拜读蕾林先诗家力作有感

晨崧敬贺癸巳冬于北京

晨崧　中华诗词学会副会长、顾问，全球汉诗总会副会长，中共中央纪委办公厅原主任兼老干局局长

第十届"天籁杯"中华诗词大赛颁奖典礼掠影

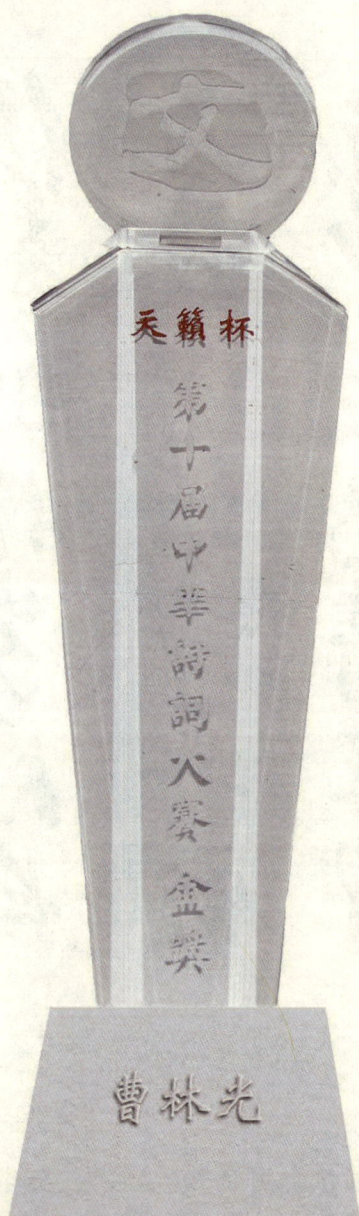

作者作品《圆梦人生》参加第十届"天籁杯"中华诗词大赛荣获金奖

荣誉证书

曹林光同志：

您的作品在天籁杯第十届中华诗词大赛评比中，成绩显著，荣获金奖。

特颁此证

中华当代文学学会
诗词世界杂志社
天籁杯中华诗词大赛组委会
北京驰讯文化传媒
2013年10月

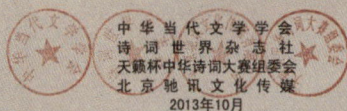

作者作品《圆梦人生》参加第十届"天籁杯"中华诗词大赛评比荣获金奖

聘 书

LETTER OF APPOINTMENT

兹聘 曹林光 同志为中华诗词学术研究院理事会名誉副院长。

此聘

中华诗词学术研究院
2013年6月8日

中华诗词学术研究院聘书

作者（左二）在第十届"天籁杯"中华诗词大赛颁奖典礼台上接受中华诗词学会副会长、中华诗教中心主任赵京战（主席台右三），中华诗词学会顾问晨崧（右二），中华诗词学会原主编杨金亭（右一），著名诗人、国家司法部办公厅原主任孙鸿翔（右四）等领导嘉宾颁奖

作者（左一）与中华诗词学会顾问、全球汉诗总会副会长、中华诗教委员会副主任、中共中央纪委办公厅原主任兼老干局局长晨崧先生（左二）合影

作者（左一）在第十届"天籁杯"中华诗词大赛颁奖典礼台上留影

作者（前排右二）在第十届"天籁杯"中华诗词大赛颁奖典礼台上与金奖获得者一起留影

第十届天籁杯中华诗词大赛及诗词心·中国梦邀请赛颁奖典礼　2013.10.19　中国现代文学馆

作者在第十届"天籁杯"中华诗词大赛及诗词心·中国梦邀请赛颁奖典礼大会上与全体与会人员合影

作者（左二）与中华当代文学会会长、北京驰讯传媒有限公司董事长、北京《诗词世界》杂志社李剑锋社长（左一）合影

作者（左一）与北京《诗词世界》杂志社主编郭云先生（左二）合影

作者出席中华诗词精英论坛大会，会后受聘为中国诗词家协会常务理事，领取中华诗词学会会员证

作者（左一）在中华诗词精英论坛大会上向国务院特殊贡献专家、中外文化研究所所长、中华诗词学会副会长、著名教授周笃文先生（左二）请教诗艺

圆夢人生

一本很有思想內涵和
藝術韻味的珍藏書

雷雲開

雷云开　华南师范大学文学院党委原书记
华南师范大学退协书画研究会副会长

魏骨唐风情惬

今音古调韵浓

贺曹林光先生佳作付梓

癸巳冬长明撰东林书作

曹长明　曹国文化研究会会长、山东菏泽市财政局原副局长、定陶县原县长

曹东林　山东省书法家协会会员、六代书法世家

目 录 CONTENTS

一本很有思想内涵和艺术韵味的珍藏书

毛主席诗词鉴赏交响曲

开 篇

延安毛主席旧居

延安红军总参谋部旧址

延安象征——宝塔山

步毛主席《七律·长征》原韵而作

红军踏破万重难，
盛世梦圆焉等闲。
举帜凌霄舒鹤志，
激情探海索骊丸。
战天干劲冰能暖，
斗地雄怀霜岂寒。
十亿人民齐奋发，
神州大地尽开颜。

学习毛主席《七律·长征》感想（一）

万里遥遥坎坷程，
毛公胆略鬼神惊。
挥师不厌千回折，
歼敌何愁百次赢。
越岭夺桥征恶水，
擒罴缚虎拔顽营。
乾坤力挽威中外，
举世丰功照汗青。

学习毛主席《七律·长征》感想（二）

漫道雄关铁壁坚，
英雄浩气耸云间。
树皮苦涩充肠饱，
冰雪甘甜暖骨寒。
赤胆彤彤辉日月，
红旗猎猎撼河山。
纵横二万五千里，
壮丽史诗千古传。

学习毛主席《沁园春·雪》感言

毛公胸臆贯河山，
画地风光抒壮观。
盖世雄才三界鼎，
浩然伟略九天旋。
同心当代驱霾雾，
评史前朝论帝冠。
鸿笔通经王气盛，
千秋绝唱震尘寰。

读毛主席《西江月·秋收起义》感言

唤起工农沐旭光，
锄头刀斧亮东方。
冤河久恨雄心奋，
血海深仇正气张。
如火武装旗猎猎，
似雷霹雳志昂昂。
秋收起义冲锋号，
敢教贫穷化福康。

读毛主席《沁园春·长沙》感言

重临故地意难收，
万象争荣倍劲遒。
思想光辉明日月，
尧风浩气鉴春秋。
昂扬少壮兴邦国，
冷对专权斥土侯。
华夏沉浮夫有责，
中流击水挽神州。

读毛主席《西江月·井冈山》畅怀

摇篮圣地井冈山，
革命火苗华国燃。
百万长矛环宇震，
一声鼓角地天翻。
神兵意气冲霄汉，
正义歌声动玉关。
为有牺牲多壮志，
红军鲜血换人间。

学习毛主席《卜算子·咏梅》畅怀

弄玉凌风傲雪霜，
刚柔遒劲自飘香。
报春信使祥和送，
破腊冰魂品格扬。
雅趣抒怀情万种，
雄心励志意千章。
伟人笔下乾坤大，
敢教寒梅韵久长。

读毛主席《清平乐·六盘山》抒情

悬崖九折六盘山，
旗卷高峰十八关。
猎猎西风侵北野，
悠悠塞雁渡南天。
长城好汉追星月，
峻岭红军踏雪丸。
在手长缨龙虎缚，
迎来胜利换人间。

读毛主席《水调歌头·游泳》抒情

长江波涌奔前程，
回首楚湘思绪生。
汉水轻舟随浪起，
虹桥骏马比肩行。
诗章绘就蓝图丽，
华国昭然伟业荣。
北草南花争日上，
催人号角九州鸣。

读毛主席《七律·人民解放军占领南京》感怀

千帆竞渡化沧桑，
劲旅雄师过大江。
天堑纵然存恶浪，
枪林岂阻灭豺狼。
神兵洒血沃疆土，
怒气横云拼战场。
未有当年生死搏，
何来今日景隆昌。

读毛主席《浣溪沙·和柳亚子先生》赋

彻夜难眠思绪长，
百年魔怪逞疯狂。
八年抗战驱倭寇，
三载挥戈逐蒋帮。
怀念救星毛主席，
不忘匡世党中央。
承先启后旌旗奋，
科技腾飞国盛昌。

读毛主席《七律·和柳亚子先生》赋

昆明浪接富春江，
故友重逢议振邦。
同绘蓝图匡旧国，
共商大计谱新章。
良言励志凌霄远，
夙愿抒情流水长。
主席宽怀容四海，
浩然正气化沧桑。

毛主席《浪淘沙·北戴河》缩影

大雨滔滔浪拍天，
星星点点打渔船。
江洋一片秦皇岛，
往事千年魏武鞭。
自古金瓯标国度，
如今舜地换人间。
驰怀骋目情无限，
帷幄运筹谋福泉。

毛主席《七律·送瘟神》缩影（一）

故国千年往事稠，
沉思辗转意难收。
狼烟散尽氤氲霁，
倭寇驱除烽火休。
平息匪狂消旧恨，
飞来虫虐作新愁。
横眉冷对瘟神影，
今世华佗妙计筹。

毛主席《七律·送瘟神》缩影（二）

众志成城灭魔顽，
神州大地谱新篇。
炎黄铁臂擎三界，
赤子银锄动九天。
绿水逢春呈丽态，
青山着意露芳颜。
瘟君无奈化灰烬，
塞北江南唱凯旋。

步韵毛主席《七律·到韶山》

喜回故里忆从前，
往事桩桩入眼帘。
星火燎原熔锁链，
锄头奋起破雄关。
舍生取义头宁断，
酬志成仁地变迁。
终有今朝民做主，
煌煌华夏万千年。

步韵毛主席《七律·登庐山》

峻峰峭壁景无边，
苍翠盘途飞鸟旋。
主席挥毫情似海，
人民建国劲冲天。
国徽肃穆呈和气，
社稷光明凝紫烟①。
欣赏古诗陶令美，
桃源今世好耕田②。

注：①指祖国繁荣的新景象。
②指社会主义农业生产胜于陶渊明所构想的桃花源。

读毛主席《七律·答友人》有作

红霞朵朵九嶷山，
帝子当时下宇寰。
泪洒斑枝千古祭，
喜逢盛世万民欢。
洞庭波涌鲜鱼跃，
长岛人勤绮梦圆。
胜景何须问寥廓，
神州十亿乐丰年。

读毛主席《七律·和郭沫若同志》有感

心地光明醒慧眸，
欲知大圣读西游。
僧慈人敬神仙助，
魔恶刀屠监狱囚。
扬善须当群着力，
灭妖务必众同仇。
今朝重读铿锵句，
爱憎分明壮志酬。

读毛主席《七律·冬云》有感

面对阴霾火眼观，
黑云压境水云寒。
蚍蜉妄想撼华夏，
螃蟹徒劳横大川。
旗帜飘飘扬正气，
刀光闪闪镇凶顽。
神州十亿雄心奋，
永保人民掌政权。

步韵毛主席《七律·洪都》

时过境迁年复年，
未忘起义炮声喧。
祖生当鼓云霄志，
领袖挥毫水墨篇。
料峭寒冬何所惧，
彩云皎月换新天。
长江后浪推前浪，
骏马腾飞永向前。

怀念毛泽东

东方一曲震苍穹，
无限缅怀毛泽东。
抗战八年驱日寇，
挥戈三载逐"帮凶"。
兴邦开国功勋大，
斗地战天豪气雄。
武略文韬惊世纪，
伟人气概万年崇。

诗人毛泽东

救星领袖庶黎忠，
独领潮流伟略雄。
笔墨纵横龙凤舞，
襟怀奔放鬼神崇。
激扬文字惩顽恶，
指点江山斗飓风。
壮丽诗篇威宇宙，
珠玑字字夺天工。

毛主席纪念堂

翠柏青松绕殿堂，
庄严肃穆闪金光。
雄心摧毁旧封建，
正气推翻蒋匪帮。
领袖为民谋幸福，
中枢指路奔康庄。
平生伟绩垂青史，
一座丰碑万代长。

毛泽东故居

群峰翠绿竞芳姿，
荷叶田田景四时。
庭院坐南天日好，
农家朝北舍居奇。
青龙唤雨神州茂，
白虎生风蒋匪衰。
巨手一挥华夏动，
东方浩荡展旌旗。

颂革命圣地延安

步枪小米起乾坤，
拯救中华百姓尊。
全国抗倭司令部，
神州解放奠基根。
精神财富发源地，
艰苦作风陶后人。
革命象征存史册，
摇篮圣地万年春。

颂火红岁月延安

烽烟滚滚十三秋，
领导工农壮志酬。
炮火连天增士气，
秧歌满地洗心愁。
优良传统胜珠宝，
幸福源泉似海流。
永远感恩毛主席，
火红岁月耀神州。

瞻仰延安烈士陵园

凯歌高奏舞东风，
圣地陵园誓志雄。
宝塔精神天地敬，
先贤风骨子孙崇。
枣园火种燎原势，
战士牺牲淌血浓。
民族英雄存浩气，
旭辉华夏帜旗红。

赞延安南泥湾精神

《南泥湾》曲彻长空，
震撼宇寰惊九宫。
昔日荒山荆棘盛，
今朝遍野马牛隆。
枣园窑洞灯光美，
陕北江南鱼米丰。
模范精神中外颂，
屯田旗帜万年红。

延安抗大纪念馆

延安南泥湾

圆梦人生 · 童年

作者故居

作者故乡茅屋原貌

出　生

雷州解放换乾坤①，
百姓当家做主人。
军爱黎元鱼水合，
党恩民意齿唇亲。
国徽肃穆禾苗壮，
社稷暖和花卉新。
感谢椿萱无限义，
赐吾生命舜尧春。

注：①广东省湛江雷州于1950年解放。

土　改

尧疆解放纪新元，
地主富农财产迁。
赤县翻身锣鼓庆，
黎民得土舞歌欢。
废除腐朽坑蒙约，
建设和谐胜利篇。
大地回春升瑞气，
千山万水尽陶然。

分 田

乡村解放庶黎欢，

少长分田笑展颜。

同祖同宗心益壮，

共村共巷志尤坚。

互帮互助勤农事，

分苦分甘兴雅园。

国泰民安扬喜气，

新生政府艳阳天。

大跃进侧记

九州跃进转坤乾，

"三面红旗"[①]待后论。

土法炼钢惊世纪，

冲天干劲绝空前。

官僚鼎盛当三省，

路线偏行耽数年。

公共大锅汤煮菜，

肚皮勒紧志犹坚。

注：① "三面红旗"是指1958年我党提出的一个施政口号，即"社会主义建设总路线、大跃进、人民公社"。

天 灾

上苍不义懒龙仙，

捉弄人间闹旱天。

童幼缺衣怜瘦骨，

壮青少食尽苍颜。

轩辕大地荒凉景，

社稷平民痛苦年。

三载天灾加政误①，

祸殃祖父下黄泉。

注：①"三载天灾"指的是1959至1961年的三年自然灾害；"政误"指当时的官僚作风。

祖 父

祖父一生仁爱身，

利人忘己好臣民。

码头渡客帮童叟，

津口拾金还主人。

路斩棘荆铺新土，

巷清垃圾扫无尘。

关情孙子廉穿俭，

正直含辛懋德君。

上辈人

吾家祖父世间钦，
一世坦诚心态仁。
乐善布施千载念，
勤劳节俭百村闻。
谦恭礼让家家慕，
涵养情深事事亲。
积德家门生孝子，
列宗上溯楷模人。

顽　童

山村老幼见心寒，
顽性天生缺正端。
单挑挥拳呈臂壮，
结群踢脚竞蹄坚。
巷中胡闹鼓锣烂，
园里狂欢鸟雀烦。
搬弄是非寻快乐，
腹空肚饿亦陶然。

童　真

贪玩淑懿总情牵，
骚扰芳邻众为难。
少小调皮苦无奈，
稚童聪颖喜中涟。
训儿廉耻言行美，
处世恭谦品德端。
上善慈怀循善诱，
可怜天下母心田。

河岸边

童年常耍小溪湾，
琴瑟涛声震耳潺。
螺仔身圆生锐尾，
沙虫形蛭有机玄。
泥鳅潇洒河槽睡，
黄鳝嬉游岩底穿。
敢是青蛙通客意，
入泥蒙面赐成全。

看海流

童年最爱海堤湾，
遥看清流上九天。
百舸扬帆云里去，
孤舟击楫雾中旋。
涛尖虾跃呈奇景，
浅底鱼翔卷彩澜。
喜煞孩提无赖样，
随波逐浪乐绵绵。

垂　纶

披蓑溪畔子牙君，
钓趁春风鳞介群。
急性徒劳钩叹息，
耐心喜获鲤垂沉。
蓬头小妹频偷眼，
侧位毛孩学试纶。
贵客寻途摇手势，
犹惊水族避游人。

捉　鸟

少儿捉鸟趣浓香，
功倍还须技有方。
巧设笼筐遮耳目，
妙修陷阱引鹂黄。
金光小米传芳气，
痴雀怡颜啄饱肠。
不识玄机蜂拥至，
岂知贪食入囚房。

学拜神

少时庙里乱无端，
模仿村民拜大仙。
叩首神灵佑稚子，
相期童伴效先贤。
毛孩可笑称皇帝，
娃子调皮扮古猿。
常道人生童岁福，
无邪天性引流连。

津　埠

海潮涨落震津湾，
满载归船争岸先。
席地鱼虾鲜跳跃，
逢场稚子尽陶然。
埠头圩日人头涌，
渡口经年客影涟。
清代祖街"文革"止，
还从梦里忆当年。

春　节

日思夜盼贺新年，
喜气盈门户户欢。
馋口鱼虾围座客，
垂涎糖果满瓷盘。
孩童兴奋玩鞭炮，
父母怡然贴对联。
回首歉收风月苦，
祈求好运转坤乾。

中　秋

婵娟瞻仰众心欢，
梦里常思月饼甜。
佳节姑妈回探访，
宗亲梓里聚团圆。
人逢喜事神情爽，
桂到中秋香气延。
蟾影笙歌千户笑，
天真童子乐绵绵。

元　宵

上元鞭炮映霄辉，
云渡星河逐浪徊。
龙鼓花灯穿闹市，
联谜成语显奇魁。
鸳鸯戏水融融乐，
翁妪秧歌旖旎姿。
皎月良宵妆美景，
欢欣一曲动春雷。

童　梦

日思夜想市乔迁，
缘晓城乡别样天。
偏僻山村窄门路，
繁华店铺广财源。
脱离贫困誓言爽，
改变人生励志坚。
挺挺奇男经国梦，
胸中理想敢移山。

除夕借锅

贪玩抛石把锅伤，
喜盼年糕不可尝。
父母愁眉加痛骂，
儿心忐忑更惊慌。
隆冬摸黑行蛇路，
惴恐缠身凌剑霜。
家困损财人受罪，
万般苦楚壮吾强。

放风筝

洋洋得意上蓝天，
平步青云赖线牵。
鹰击长空佳技巧，
鱼翔浅底妙机玄。
风中弦软须绷紧，
手底绳松当自然。
探索内涵诚可贵，
世间万物讲科研。

烤　薯

小小烘炉技百般，
每回工序把严关。
寸方泥块须干爽，
长短山柴更易燃。
选取薯儿模样美，
拱成坯洞造型妍。
适中温度土烧透，
软嫩香宜甜且鲜。

网　鱼

稚童占点插桩栏，
纲目张开绕木边。
立足深泥将底固，
痴鳞涨水向中钻。
退潮绳线迅提起，
脱木网身归拢间。
喜看鱼虾纷跳跃，
天真小子尽开颜。

抓　鳖

海边插竹绕长廊，
一扇门开朝正方。
潮起鱼群随浪卷，
鳖游水岸弄疏狂。
玲珑巧手聪明要，
蠢笨惊心苦难尝。
欲想回归呼救命，
天真童爱放池塘。

小乖乖

童真童韵动心田，
洗耳恭听赛锦弦。
乖仔乖呀含巧妙，
甜头甜么品新鲜。
榴腮蛋脸红红口，
水漾晶睛润润颜。
小太阳们成长快，
书包背上幼儿园。

同伴扮猴鼠

更名绰号鼠精灵，
身若孙猴万里行。
指爪叮叮奇异怪，
金睛闪闪亮晶莹。
轻摸侪脐伴嬉笑，
偷袭辫毛闺恐惊。
惹是生非调弄鬼，
天烦地怨不安宁。

逛动物园

儿时节日逛公园，
入眼新鲜喜万般。
大象鼻灵腿圆笨，
金猴毛润尾丹妍。
眼睛眨眨抓抓脸，
神态颠颠抖抖肩。
狮虎穷凶人驾驭，
黎民智慧掌坤乾。

赶　集

每逢三六九时间，
正是农家赶集天。
邀伴成群来热闹，
约朋结队为寻欢。
熙攘街上人头涌，
拥挤码头车马喧。
稚子少钱多困境，
蔗汤滋味也开颜。

探　亲

新春佳节拜年忙，
来往情浓喜气扬。
李户迎来堂姐妹，
王家款待表兄郎。
亲朋见面相恭禧，
挚友留言祝富强。
孩子欢欣多访客，
红包到手乐洋洋。

父亲竹苑

尊亲竹苑四时鲜，
根底相连力量坚。
叶茂枝繁清爽爽，
节高茎拔荡绵绵。
未求沃土肥腴处，
敢拒台风雷雨天。
鸟雀梢头歌舞赞，
千吟不尽美篁园。

宅后荔枝树

繁华宅后荔葱茏，
入夏迎来挂果红。
皮薄韧柔肌染雪，
肉鲜剔透核藏彤。
皇妃馋煞名声远，
驿马琼丸帝阙崇。
快嘴儿童生盗吃，
攀爬登树耍英雄。

岸田禾虫

潮涨溪流咸淡融，
丰肥沃土孕禾虫。
冬春季节眠昼夜，
秋夏时分似蛹蜂。
逐浪田中纷涌出，
随波海里尽收容。
嫩香脂厚寿颐养，
滋补功能胜鹿茸。

母 训

母亲俭朴四邻钦，
未进黉门见识深。
望子成才修品质，
尊师重教见冰心。
常言痴傻千般废，
善论文章万两金。
淑训慈怀铭座右，
伴吾一世暖儿襟。

母 贤

萱堂恪礼守安分，
儒道两家严自遵。
孔孟修仁当景仰，
庄周辩证可因循。
导儿须立栋梁志，
尊母任劳贫苦身。
圣善言传亲教诲，
童心意向做名人。

母　心

母亲贤德品端行，
邻里乡间享盛名。
孝敬老人勤细致，
栽培子女付真情。
省衣冻骨温贫叟，
俭食饥肠饱弱婴。
绛帐清风遗至爱，
长留淑训导吾明。

母　苦

母亲生地小山庄，
瘠土穷村仓缺粮。
弱体单亲情寂寞，
早年失母自凄凉。
理家曹氏少衣被，
育子柴门食菜糠。
屋漏偏遭连夜雨，
父亲病重雪加霜。

丢 鹅

鹅群欢乐古津旁，
回首无踪丢哪方。
忐忑情怀朝北找，
不安父母向南嚷。
养禽乃是帮家困，
失物如同断口粮。
马虎粗枝酿苦果，
认真两字刻心房。

童年苦难

严亲久病守床前，
钱缺无医众泪涟。
春夏之交粮谷断，
青黄不济铁锅闲。
杂瓜咸蟹饥肠饱，
野菜粗糠饿肚填。
风雨雪霜尝苦尽，
万般无奈向谁言？

鞭 策

童年错事总流连，
警告声声荡耳边。
养子敷衍当为罪，
培才严谨应加鞭。
回眸皮肉伤痕处，
莫忘言行闯祸源。
励志躬修诚恳爱，
洁身自律乐绵绵。

有 感

儿时未懂世间天，
务必聆听长辈言。
学泳旁边需教练，
贪玩霸道不安全。
蜈蚣水蛭叮人痛，
恶狗马蜂真祸端。
后悔何能弥过错，
争当守纪小神仙。

回　眸

少时趣事感新鲜，
每每奇闻留世间。
淘气天真原本性，
聪明活泼自陶然。
苦难生计苦中乐，
贫困情怀贫等闲。
喜看后昆多幸福，
枕边梦里见童年。

童　歌

朝霞朵朵上童腮，
妙曲弦音跳跃佳。
华彩缤纷声荡漾，
绕梁锦瑟韵和谐。
逗人欢喜开心果，
引众怡颜幼稚才。
充满阳光龙小子，
诗歌一首悦襟怀。

作者宅后水稻田冬景

作者老家园地里种植的冬瓜

一本很有思想内涵和艺术韵味的珍藏书

圆梦人生·少年

作者旧居门前巷一角

作者故乡瓦房正面

作者村旁的南渡河下游

上 学

柴门匮乏读书钱，
九岁精灵迟校园。
师长倾心谈理想，
先生妙手执教鞭。
祠堂拜孔陶情志，
茅屋吟章壮胆肝。
兴国根基梁栋育，
树人磨器自童年。

家 务

穷人孩子理家勤，
割草养鹅溪岸奔。
鸭仔如珠当宝贝，
猪苗似玉费心神。
打柴挑水肩磨茧，
淋菜施肥脚裂痕。
惯弄鸡群牛尿屎，
粪池臭味胜金银。

小　贩

少时生活苦凄凄，
学费迟迟凑不齐。
无奈勤工当小贩，
还凭礼拜找商机。
门前叫卖甜甘蔗，
街市摆摊鲜荔枝。
着意减轻家重负，
帮忙父母理家炊。

农忙假

校园放假喜洋洋，
遍地丰收溢远香。
男女田间抢割稻，
叟童阡陌拾遗粮。
人来人往如潮涌，
车去车回似战场。
高举红旗跟党走，
金光大道奔康庄。

后洋挑薯

严亲患病守床前，
分薯偏偏后港田。
无奈苍穹倾暴雨，
可怜母子走泥丸。
左摇右摆如莺舞，
东倒西斜似燕旋。
斗地战天磨意志，
千辛万苦不言难。

人民公社①侧记

财产统归集体仓，
人民公社有规章。
按劳支配队中物，
累计酬分社里粮。
诚意栽苗苗苗壮，
无心种稻稻枯黄。
问题何在须刨底，
教训反思梳目纲。

注：① "人民公社"是我国社会主义建设时期在高级农业生产社的基础上联合起来组成的劳动群众集体所有制的经济组织，含三级所有制，即公社、生产大队、生产小队。

某生产队侧记

集体耕耘队务农，
弄虚作假自轻松。
良畴田亩蜗牛赛，
紫陌弯途游击风。
树下偷闲玩扑克，
地头寻乐比烟功。
出工无力怠生产，
徒费资源养惰虫。

某生产队长侧记

芝麻总理地头王，
队长威风盖四方。
阡陌指挥双号令，
财粮分配一言堂。
东家生子尝甜酒，
西户成婚吃喜糖。
多女超支缘病事，
不闻不问不商量。

劳力分粮

夏秋两季付工薪，
支配粮钱凭计勤。
男汉十分当日价，
妇童两者打折匀。
人头等份蕃苕谷，
纸币开销货物银。
父病家贫劳力缺，
心中负荷重千斤。

拾荒买鞋

农村落后苦难言，
雁序饿肠不抵寒。
褴褛之年遮体薄，
孩童时令缺屦穿。
翻田薯块充温饱，
挖垄零禾解困难。
出售拾荒鞋可买，
至今忆起每心酸。

开荒种稻

穷人孩子志刚强，
不畏艰辛大垦荒。
河畔挖泥圈地块，
溪边填土插禾秧。
夏收稻谷百斤重，
秋获粗粮一担装。
自力更生贫困缓，
全家温饱喜洋洋。

咏竹情

悠悠竹子意千丝，
妆点庭园风月宜。
令我精神添锐气，
持家经济扎根基。
饥肠笋菜充温饱，
济日篁钱解困资。
触景伤情常感念，
每从梦里泪吟诗。

卖　竹

昨砍青篁赶集墟，
肩挑夜走气粗嘘。
常思换币尝糖果，
挂念存银买舫鱼。
好价成交流喜泪，
微钱贱卖叹拮据。
步行往返知多远，
童岁艰辛醒世书。

医沙眼

少年沙眼泪汪汪，
部队医疗赐吉祥。
慈父背儿额汗滚，
大夫义务病床忙。
岐黄有术眼沙去，
大爱无疆疾魔亡。
万谢军恩常至念，
绕庭漫步感情长。

县城观电影

初出茅庐喜若狂，
为看电影走城隍。
老师领队程途远，
校长箴规章典长。
午后步行旗帜猎，
晚时到达笑声扬。
战争勇士陶心志，
激发深情爱国邦。

行　军

学子长征练野营，
国防教育正时兴。
教师演习呈规范，
校长安排显上乘。
早出天兵三十里，
晚归虎队廿余程。
行军虽苦励高志，
理想追求更眼明。

观雷剧

俚歌本土美村姑，
演出真情众鼓呼。
时代潮流唱京戏，
伟人思想镇蛇狐。
常思舞剧白毛女，
谨记荧屏贱隶奴。
三座大山全毁倒，
翻身解放苦根锄。

学雷锋

勤学雷锋榜样传，
忠于革命立场坚。
永跟吾党怜民苦，
热爱中华保政权。
领袖三篇铭肺腑，
宝书四卷引航船。
好人好事弘扬广，
爱憎分明永着鞭。

七庄小学

七庄小学育英豪，
公办民帮众协调。
距校通途三里路，
返家捷径二坡壕。
翠林掩映风光美，
教室铺排意境高。
刻苦认真严律己，
师生发奋向前超。

高小老师

恩师难忘莫其雕，
启迪心灵具妙招。
日记奠基先练笔，
作文把握后培苗。
念他雨露言情重，
教我兰襟品质瑶。
塑造灵魂群爱戴，
赞扬声浪入云霄。

同座童友

难忘同座董华坚，
刻苦精神传校园。
情致深长思捷敏，
襟怀宽广性灵专。
学堂听讲认真记，
课后常温巩固全。
帮助他人当快乐，
德才兼备可称贤。

四 清[①]

"四清"运动浪涛掀，
欲煞贪污固政权。
账目工分查底里，
库银存款找根源。
追寻公物焉流失，
切断赃人互串联。
策略初衷为国计，
偏航事后走斜舷。

注：① 四清运动是指1963—1966年，中共中央在全国城乡开展的社会主义教育运动。运动的内容，一开始在农村中是"清工分、清账目、清仓库和清财物"，后期在城乡中表现为"清思想、清政治、清组织和清经济"。

干部"三同"①

"四清"运动挖贪官，
干部"三同"结谊缘。
贫困家庭常住宿，
善良黎庶好聊天。
随群议事同锅饭，
与众谈心共陌田。
领导平民蹲地埂，
优良传统理当传。

注：① 指"四清"工作人员驻农村与群众同住、同吃、同劳动。

"两弹"成功

数载钻研志满胸，
氢原"两弹"震长空。
全民庆贺怀欢畅，
举国凯歌旗艳红。
美帝霸王熊火灭，
苏修世主暴风终。
神州从此无人藐，
科技中兴国盛隆。

"贫协"①父亲

"协贫"选举父亲先，
根正苗红品德端。
同志慕名家里住，
工宣赐誉府中言。
菜蔬干饭客人待，
薯粥淡汤孩子咽。
领导庶黎亲雁序，
一心去掉苦穷源。

注：①指贫下中农代表。

"三好"①家庭

家庭"三好"乐绵绵，
喜讯传来中状元②。
和善待人群满意，
勤劳吃苦众佳言。
宣传毛著名声好，
教育子孙才德全。
补路修桥帮集体，
高风亮节誉方圆。

注：①指"学习毛主席著作表现好、积极劳动好、朴素作风好"。
②意指好似考中状元。

升初中

师儒教导记心田，
父母训言缠耳边。
刻苦钻研追上进，
潜心进取赴前沿。
升初品德列名首，
晋级绩分排在先。
荣幸骄儿上荣榜，
全家欢喜乐绵绵。

两年制初中

村庄附设初中点，
就近念书心喜欢。
校舍安排堪简陋，
师资设备不齐全。
教师授课并劳务，
弟子习文兼种田。
培养红专新一代，
务须德智体能贤。

"文革"大字报

千般墙报浪滔滔，

电闪雷鸣革命潮。

炮打封资司令部，

力揪右派掌权枭。

牛蛇神鬼①遭蒙难，

地富反修②抓坐牢。

遍地漫天呼口号，

翻江倒海举游标。

注：① "文革"时指所谓的封建主义、资本主义、修正主义等流毒。

②指地主、富农、反革命分子、修正主义分子。

红卫兵①

十年运动总难忘，

"文革"洪流逐浪狂。

揪斗串联风雨急，

立新破旧雾霾茫。

帝皇冠盖勇拿下，

狮子股毛争剃光。

牛犊初生何惧虎，

史无前例破天荒。

注：①狭义上是指大学和中学里青年学生所自发组成的学生团体。

红小兵①

黉门停课闹宣传，
语录袖章红带肩。
校长靠边成老九②，
教师挨斗变佣员。
深锄"毒草"争前线，
严铲"封资"冲战沿。
伦理纲常全不顾，
无知孺子梦中人。

注：①指"文革"运动中的小学生组织成员。
②"文革"时期被贬称的知识分子。

两派武斗①

当时派性起恶潮，
骇浪惊涛局面糟。
"天主""地龙"成对立，
"保皇""静坐"正磨刀。
打砸仓库筹资产，
抢夺枪支挖战壕。
流血伤情时出现，
市容遭损现萧条。

注：①指"文革"运动中出现的派别斗争。

复课革命①

最高指示学回堂，
领会精神并列行。
领导成员换新貌，
校园规矩废陈章。
教材革命峥嵘路，
讲课依然试验方。
军管黉宫趋稳定，
斗批有序暂如常。

注：①指"文革"运动时学生停止串联，返回学校边上课边革命。

革命委员会①

组成班子约新章，
党政军民合议堂。
部队官兵牵主线，
工农代表坦心房。
伟人指示斗批改，
赤县严惩打抢伤。
生产同时抓革命，
九州维稳现和祥。

注：①指"文革"运动时各级政权组织。

办学习班①

办班学习乃良方，
思想提高好主张。
大斗私心学毛著，
狠批歧路向康庄。
追查坏事究根底，
揭发奸人上线纲。
高举红旗跟党走，
同甘共苦建尧唐。

注：① "办学习班" 是 "文革" 运动时学习政治、开展思想斗争的一种形式。

合作医疗

社员合作济穷贫，
赤脚郎中便庶民。
治病开支村付款，
求医花费账销银。
白天攀岭采良药，
黑夜巡家问疾因。
奉献精神当赞赏，
新生事物利乡邻。

上山下乡①

校门迈出走山乡，

城市高楼换草房。

公社沃田收稻急，

农场僻岭割胶忙。

脑中充满毛思想，

心里听从党主张。

生活艰辛多感慨，

荒坡地埂炼刚强。

注：①指我国20世纪50年代中期至70年代末，全国城市知识青年分期分批到农村、农场劳动锻炼。

中共"九大"①

"九大"召开震宇寰，

毛公揭幕作雄言。

林彪陈述"文革"事，

翔宇阐明理论观。

报告提纲斗争卷，

会程要旨党章篇。

风云变幻谁能测，

争议疑题留史传。

注：①"九大"是我党的第九次全国代表大会，"文革"时召开。

忆苦思甜①

甘泉常饮爽心神，
贫下中农把苦陈。
控诉豪强欺弱众，
冤申地主榨烝民。
感恩黎庶救星党，
图报毛公挖井人。
牢记阶级兄弟泪，
康庄大道向前奔。

注：①指"文革"运动时为提高农民思想觉悟的一种政治学习形式。

红宝书与样板戏①

神州大地彩霞红，
京剧宝书声势雄。
主席诗词歌响亮，
寸方语录诵玲珑。
舞台娘子白毛女，
样板铁梅杨子荣。
耿耿忠心情似火，
国人十亿意浓浓。

注：①红宝书指毛主席语录；样板戏指富有政治思想内容的特定京剧，如《红灯记》等。

峥嵘岁月

"三忠"①声浪震东方，

    领袖像章华夏昌。

    阶级斗争家户晓，

    防修反霸广播扬。

    愚公全国战天地，

    群众九州批帝王。

    赞颂恩人歌响亮，

    红心向党志刚强。

注：① "三忠"即忠于毛主席、忠于毛泽东思想、忠于毛主席的无产阶级革命路线。

升高中

两年苦读晋台阶，

    毕业操行评议佳。

    中考招生官举荐，

    升高笃学梦成才。

    班中尖子芳名录，

    家里严亲颜面开。

    喜乐悲愁缘底事，

    五元学费筹难来。

评"推荐"

推荐升高多弊端，
趋炎附势混三关。
官家子弟囊中物，
百姓儿郎壁上观。
权力征招公子易，
暗箱操作布衣难。
柴门唯有成尖子，
否则倒霉无路攀。

学犁田

初握铁耙迎月归，
农家小子种霞辉。
牛鞭一甩惊莺起，
黑土三翻卷燕飞。
敢与狂风分胜负，
更同暴雨比高低。
土生土长土模样，
争学驾犁生虎威。

一本很有思想内涵和艺术韵味的珍藏书

圆梦人生·青年

作者老家村旁的云津渡口

作者带领雷城中学学生野外训练时留影

作者在雷城中学任教时带领学生野外训练与班长合影

作者在自家创办的开智书店门前留影

作者在自家经营的副食店柜台留影

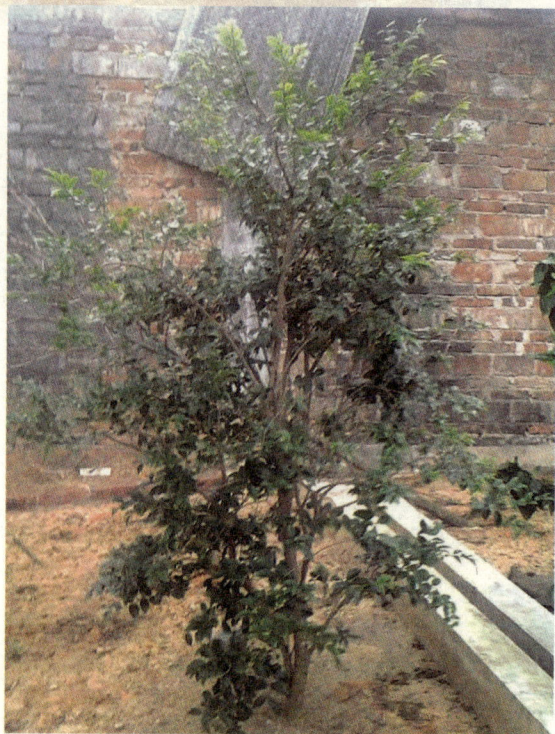

作者老家园地里种植的白银树

寒窗辛酸

高中二载困卑身，
缺米无钱乡下人。
餐费星期交四角，
母亲累日借三文。
减轻家荷生心计，
结伴班俦度苦辛。
半夜上山柴叶拾，
经销换取菜肴银。

墙　报①

建党生辰念党恩，

秋冬五秩奠基人。

南昌起义旌旗艳，

老蒋围追炮火纷。

万里长征多坎坷，

八年抗日更艰辛。

战争三载蒋军败，

华夏今朝锦绣春。

注：①庆祝我党五十周年生日，笔者投稿于学校的墙报。

入　团

请求加入共青团，

希望传承革命班。

遵照章程严自律，

依循条件苦登攀。

信心鼓足千般意，

事业崇高五岳山。

认识提高经考验，

参加组织寸心欢。

颂乃时兆沛老师

尊师教诲惑疑排，
振铎杏坛方法佳。
知识渊博培智栋，
砚田横锦育宏才。
程门立雪书山跋，
道德文章椽笔裁。
数错秋毫差万里①，
警言学子记心怀。

注：①数学老师郑乃时口头禅。

学　友

全班皆友意绵绵，
我与颂丰形影连。
同进黉宫求学问，
共观海景品人间。
林场扫叶勤工俭，
体馆练功修德贤。
努力争当优子弟，
满怀理想奔前沿。

学校农场

当年文革垦荒山，
大种反修甘蔗园。
僻壤耕耘成沃土，
荒坡细作造梯田。
施肥除草壮苗圃，
抗旱开渠引水源。
校长亲身临一线，
师生劲足志尤坚。

堵南渡河

伟人号召广囤粮，
南渡围河建设忙。
商界工农齐上阵，
学生师长力争光。
堵溪灌地禾苗壮，
塞海截潮农户强。
备战备荒民幸福，
雷州百姓万年昌。

初览湛江

云霞绚丽色缤纷，
林立高楼天上人。
锦绣商街光夺目，
霓虹夜市客迷神。
海风拂面精神爽，
洋姐含情气象新。
社会和谐民竞美，
神州大地万般春。

毛泽东思想文艺宣传队

喧天锣鼓动心弦，
思想宣传遍地天。
工矿编排"忠"字舞，
村庄成立"赤农"班。
校园培训咏歌队，
部队组成文艺团。
歌颂救星毛主席，
永跟党走向前沿。

农业学大寨①

大寨红旗全国扬，
家喻户晓气高昂。
山川改造梯田美，
库水安排渠道长。
亿万愚公齐步调，
一轮日月换天堂。
星移斗转迎新纪，
后浪推前永远强。

注：①"文革"时大寨是全国农业学习的榜样。

工业学大庆①

标杆大庆万年春，
进喜铮铮模范身。
井下探油何惧苦，
厂中作业备尝辛。
时时探索冒风险，
处处提防出祸因。
一吼地球倒三倒，
工人叔叔换乾坤。

注：①"文革"时大庆是全国工业学习的榜样。

全国学习解放军

伟人倡导史无前，
三八作风惊地天。
纪律严明黎庶爱，
功夫过硬敌心寒。
长城铁壁金汤固，
赤胆忠心坚石磐。
强国官兵鱼水密，
军民团结九州安。

林彪事件①

骇闻事件庶黎惊，
领袖英明返北京。
安定民心时局稳，
消除祸害国家宁。
追查反党风雷急，
揭发佞臣锣鼓鸣。
变幻风云难预测，
遗留历史后人评。

注：①林彪事件指1971年9月13日林彪叛逃，于蒙古国境内坠机身亡。

美国总统尼克松首访华

动地新闻鸣响雷，
破冰总统访华来①。
东西两国正常化，
敌我双方对抗排。
反对霸权伸仗义，
结交友谊上高台。
台湾大陆同尧舜，
握手言欢避祸灾。

注：①1972年2月美国总统尼克松首次访华。

白卷状元张铁生①

张氏知青自逞强，
敢当队长管村庄。
庸才白纸投书信，
动地新闻写异章。
反对白专招生法，
主张红色裸科场。
状元录取凭空卷，
全国哗然不正常！

注：①指"文革"时推荐工农兵学员上大学进行文化考核，考生张铁生交白卷被录取上大学。

盖茅屋

雁序成行挤一床，
俭穿省吃建茅房。
家贫无奈窑砖免，
材料简单青竹匡。
屋顶稻穰防雨水，
泥坯墙壁挡风霜。
人生自立为根本，
来日成才做栋梁。

还　债

债台高筑拆何易，
欠款逼还眠不安。
东借无门肝胆躁，
西筹绝路脑心烦。
柯篁赶市夜溪运，
卖谷入墟泥路担。
无米之炊难巧妇，
当年挨苦度饥寒。

高中毕业

一心向上望荣升，
理想追求方向明。
品德操行排榜首，
学分成绩列前名。
寒窗两载峥嵘日，
名典六科金石声。
毕业师生含热泪，
互相勉励奔征程。

回乡务农

十年高考废成荒，
毕业号召回故乡。
播种育苗春季紧，
抢收割稻夏秋忙。
锄禾除草炎阳晒，
灭鼠施肥暴雨狂。
戴月披星寒暑日，
农家子弟志刚强。

插　秧

农忙季节到来时，
下地栽苗常定期。
早出鸡啼天未亮，
晚归鸟宿露沾衣。
腰弯曲态脚沉水，
雨打赤身肠忍饥。
昔日背酸躯体痛，
如今机械代劳疲。

挑　稻

长杠竹制两头尖，
力举栩梁挑在肩。
皮骨经磨红肿肿，
田陉滑踩腿翩翩。
嫩腰强忍纤身痛，
大汗横流瘦颊悄。
谁懂盘中香米饭，
一分辛苦一分甜。

晒薯干

三更半夜刨工忙，
赶早金丝摊晒场。
祈愿苍天无雨水，
耽求大地足阳光。
乌云密布人心躁，
墨雨来临脚手慌。
薯粥浓香来不易，
劝君珍惜莫铺张。

合同工人

林场季节聘人员，
录用临工缓植繁。
吾订合同三个月，
月收薪水卅银元。
窟窿种树争时令，
树叶蒸油夺首衔。
自古草根多俊彦，
岁寒松柏俏南山。

蒸桉油

桉苗广种茂林场，
取叶蒸油释味香。
嫩嫩青青炉里炼，
熊熊烈烈釜中汤。
夜间烧火劳人苦，
日里榨浆腾浪强。
为国争光多奉献，
能源建设谱华章。

拉牛车

甘当搬运度艰辛，
多跑几回多赚银。
堆木一身疲似絮，
行车双腿重如铅。
老牛经驯任劳怨，
犊子难缠甚费神。
风雨人生经世路，
襟怀淡荡喜逢春。

当教师

德才兼备选能贤，
有幸黉宫执教鞭。
教学育人崇道德，
植桃培李解疑难。
师严春诵四科授，
生敏琴弦六艺传。
弟子品行声誉好，
镇乡统考榜名前。

教　风

灌输孔孟圣贤怀，
吸古精华育雅才。
整顿教风师道正，
严明学纪品行佳。
杏坛培德栋梁植，
星斗罗胸珠玉裁。
活泼黉宫情景美，
和谐进进笑颜开。

教　法

育才妙法众嘉言，
教学相长呈自然。
师道频传施技艺，
儒生领悟拓心田。
激扬雅趣春风暖，
淬砺神聪雨露鲜。
弟子成名当自悦，
书山崇德寸心欢。

同　事

兆鑫与我乃同乡，
奉献杏坛桃李芳。
吾授语文文理正，
君教数学誉声良。
齐心齐力德音颂，
同志同怀友谊长。
百尺竿头加把劲，
知交并臂共高翔。

"民师"①感怀

计分岁末付工钱，
收入如同一社员。
假日扫盲常教学，
农忙下地照耕田。
夏秋酸苦日连日，
桃李芬芳年复年。
岁月峥嵘多感慨，
民师奉献史留传。

注：①民办教师。

"社教"运动①资料员

深入乡村吃苦酸，
辛勤工作受嘉言。
推行路线根基固，
培育农民集体观。
运动为公抓产量，
主题灭困去穷源。
"三同"生活炼心志，
教我图强永向前。

注：①指当时开展的党的基本路线教育运动。

入　党

两年社教住农庄，
纪律严明意志刚。
事事带头争褒奖，
时时榜样获荣光。
访贫问苦深群众，
克己奉公依党章。
组织考评思想好，
首批入党慰衷肠。

东吴水库

蓬莱仙境四时芳，
潋滟明湖岸草香。
但见泥融飞燕雀，
更看沙暖卧鸳鸯。
风平水映山翩舞，
浪大船摇谷异常。
每向金池来沐浴，
无邪思绪九回肠。

水库饭堂

伙房师傅李双双，
手艺高明饭菜香。
猪肉红烧真起色，
鱼头巧煮更含芳。
笑容满面心灵美，
大海虚怀品质良。
两载光阴留善念，
怡颜总在梦中详。

"社教"队长

有荣队长气高昂，
副手如坚值表扬。
形影相随黎庶访，
和衷共济牧渔帮。
耐劳任怨胸怀广，
朴素清廉品质良。
风雨当年今忆起，
催吾进取谊情长。

"社教"队员

工作队员梁国春，
县城人氏甚亲民。
胶鞋朴素衣衫简，
眼镜光鲜脑子纯。
地里耕田能吃苦，
晚间上课更求真。
下乡社教陶思想，
锻炼知青品德仁。

公社书记

拔群书记作风良，
科学耕田好主张。
脚踏单车乡队访，
身穿素服陌阡忙。
薯汤四碗饥肠饱，
蔬菜一盘馋口香。
公仆甘当存美誉，
无私奉献永弘扬。

东吴大队书记

林涛书记不张扬，
朴素勤劳名气香。
吃苦在先颜惬悦，
抢危恐后志坚强。
赤心向党关群体，
诚意为公爱梓桑。
往事桩桩犹在目，
精神可贵谊情长。

"社教"有感

"三同"生活益吾身，
务实求真教育深。
琐事如毛陶耐性，
乡情似海引思亲。
村庄干部作风好，
社教人员素质仁。
运动始终关社稷，
狠抓生产为黎民。

卫星上天

卫星乘箭射苍穹，
乐曲东方入汉宫。
起舞姮娥舒广袖，
张灯桂殿庆神工。
中华龙种飞天志，
"东亚病夫"驱魅风。
历史人民来创造，
润之思想建勋功。

追悼毛主席

伟人仙逝五洲鸣，
震撼山河四海惊。
亿户哭啼悲泪涌，
三军哀痛别怀萦。
神州追悼国旗降，
世界缅思唁电呈。
红色政权当巩固，
丰功万古汗青铭。

毛泽东在长征中

率领工农万里程，
悬崖攀达获重生。
若无领袖惊天略，
焉有红军盖世名。
草地雪山足下踩，
豺狼虎豹手中惩。
长征壮烈留青史，
赫赫丰功竹帛荣。

缅怀周总理

传来噩耗泪如洪，
世界缅怀翔宇公。
品格崇高民景仰，
业勋卓著国嘉功。
孺牛风范神州誉，
硕德言行群众中。
海内芳名留史册，
长存浩气满苍穹。

一代天骄周恩来

一代天骄气节持，
德高望重计谋奇。
南昌举帜燎原势，
遵义推贤智慧姿。
赴险西安时势稳，
亲和亚太睦邻怡。
鞠躬尽瘁为民众，
正义坚持壮国威。

颂朱德元帅

"朱毛"①战友闯天涯，
驱寇安邦灭恶蛇。
旧制推翻民做主，
契规作废众矜夸。
建军司令元戎将，
开国功臣革命家。
智勇奇才惊敌胆，
业勋载史壮中华。

注：① "朱毛"指朱德与毛泽东。

怀念刘少奇

立足安源意志坚，
罢工省港赤旗鲜。
党员修养经典献，
华夏复兴谋略传。
文革一时遭炮火，
蒙冤六字①下黄泉。
风云变幻谁能测，
恢复英名一代贤。

注：①即"叛徒、内奸、工贼"。

华国锋主席

毛公选定接其班，
主席国锋威宇寰。
地震唐山调控好，
"定时炸弹"铲除完。
运筹帷幄群嘉许，
务实谋猷众褒添。
胜券稳操明大体，
高风亮节万年传。

邓小平复出

当年戎马未离缰，
建设中华业绩昌。
异代英才硕勋著，
伟人旷世美名扬。
神州齐拥大开放，
黎庶高呼好主张。
吸引外资施改革，
小平理论意方长。

恢复高考上线未果

重归高考众声扬，
录取择优明主张。
捷足先登竞名次，
入围初选好文章。
振兴教育春风暖，
应试招生质量强。
上线当年情惬悦，
一朝落榜自彷徨。

重归教坛

两年"社教"好名声，
重返黉宫育学生。
培李路艰恒态闯，
执鞭旨远耐心评。
旧框打破立新意，
传统摒除取上乘。
踏破铁鞋丰硕果，
辉煌成就赖精英。

治学吟

化雨春风桃李裁，
因人施教量身裁。
神工技艺天龙绘，
刀刃功夫智栋培。
学海无涯凭舵稳，
书山有路凿岩开。
呕心敬业称师表，
为国滋苗赤子怀。

园丁颂

人类灵魂设计师，
育贤植树固根基。
和风绿苑芝兰艳，
细雨润泥桃李奇。
振铎横经捐赤胆，
培才匡国显英姿。
讲台三尺境无界，
燃蜡明心亮四时。

为师赋

夜半挑灯阅卷章，
行间字里暖衷肠。
教鞭精巧擎天柱，
粉笔玲珑化栋梁。
绕月转窗思远景，
拿云汲雨壮清香。
为师莫道无荣耀，
桃李成蹊百世芳。

读函授大专

闻知录取喜开颜，
踏入师门弄彩笺。
大学梦圆情切切，
杏坛旨远意绵绵。
甄陶才艺精神爽，
锻炼身心素志坚。
刻苦认真当榜样，
振兴教育谱新篇。

南兴市场茅轩（一）

亲情雁序盼升迁，
出路前程吾领先。
奔向南兴观集市，
买来地块建茅轩。
周川①与我开生意，
陋屋为商试闯关。
铺号沐恩综合店，
主营副食解艰难。

注：①周川即周大川，现鼎鼎大名的饮食行业巨商、企业家。当时周川出资本，本人以陋屋为股而合伙经营。

南兴市场茅轩（二）

债台高筑怎登攀？
惜售二房还款先。
屋漏又遭连夜雨，
市缘扩展毁茅轩。
经营遭废苦难诉，
彻夜无眠自泪涟。
振作精神重抖擞，
寒梅傲雪度荒年。

自学路漫漫

四年函授展英姿，
意志高昂骏马驰。
欲上书山寻宝库，
勇游学海觅珍琪。
凄风冷雨芸窗苦，
趴桌偃床追月移。
理想渴求存素意，
胸怀大志梦生奇。

相　亲

乡村自古凤求鸾，
自有红娘一线牵。
父母倾心成巧配，
媒人着意促佳联。
相亲地址公和①校，
会面时宜礼拜天。
连理交枝盟始订，
门当户对喜绵绵。

注：① "公和"，地名。

恋　爱

农家恋爱素平常，
议定婚缘议嫁妆。
衣物时宜称女意，
礼金轻重看男方。
流行电影抽时看，
时尚蔬肴逢节尝。
展望将来居闹市，
志存高远自当强。

结　婚

庚申腊月结姻缘，
设宴南兴闹市边。
吉日花开梅并蒂，
良宵婚庆月双圆。
弟兄家客迎鸾喜，
姐妹亲朋赏凤颜。
恩爱鸳鸯琴瑟友，
文明嘉耦百年甜。

生儿育女

欢欣辛酉女婴生，
吉庆壬戌添俊丁。
兰室凝祥家鼎盛，
门楣溢喜宅隆兴。
东成西就神情爽，
北合南和福气盈。
幸运大专修业毕，
雷城公教好前程。

三中全会好

三中全会转坤乾，
敞启国门看世间。
深圳特区为起点，
神州逐步继蝉联。
工商兴旺金娃抱，
农副丰收银浪翻。
改革东风吹四野，
城乡处处艳阳天。

联产承包

三中全会放光芒，
体制革新奔小康。
户户分田联产制，
人人担责驭云骧。
公家财产承包用，
集体耕牛私养强。
五谷丰登歌盛世，
田间村寨喜洋洋。

个体经营

三中全会远昭彰，
贸易放开新主张。
自力更生脱贫困，
同舟共济抗灾荒。
私人租赁谋生意，
合股经营当贾商。
市场繁荣仓廪足，
财源茂盛富家邦。

三　农

撤销公社改称乡，
队印换成村委章。
千里平畴机械化，
万屯自治意义长。
庶黎创业通三省，
商贾生财达九江。
穷苦打工升老板，
当家扛鼎向康庄。

"地富反坏右"摘帽

中央决策化冰霜，

五类人员摘帽忙。

纠正偏差冤假案，

取消阶级网绳纲。

富农地主迎宽赦，

"右派黑帮"①归正常。

举国一心谋发展，

振兴赤县凯歌昂。

注：① "右派黑帮"，指所谓站在资产阶级立场上，其言论、行为所谓反动的这类人。

胡耀邦执政

耀邦任职智谋奇，

立马潮头举大旗。

昭雪安邦民振奋，

纠偏反正众呼熙。

放开思想搞经济，

改革城乡引外资。

尽瘁鞠躬垂史册，

曾经异议化兰诗。

家乡水灾

家乡八五①大灾年，
暴雨倾盆压屋巅。
摧倒雷州千户宅，
漫浸桑梓万丘园。
滔滔村寨如江海，
滚滚田畴似泊渊。
眼见废墟呈惨况，
鸟啼蛙叫诉哀冤。

注：① "八五"指1985年。

自 勉

一张白纸好填词，
天道酬勤福自熙。
海腹能容环宇事，
箴言岂笑世间痴。
卧薪尝胆心无苦，
破釜沉舟志不移。
发奋图强多进取，
征途骏马显雄姿。

圆梦人生·壮年

作者在故乡海边留影

作者出差上海在复旦大学毛主席雕像前留影

作者出差杭州游览西湖三潭印月时留影

作者出差杭州时在西湖留影

作者在单位办公时留影

作者老家园地里一块雕着"金碧祥和"字样的大石

作者老家园地里一棵香蕉树果实累累

调入雷城中学

大专毕业试飞鸿，
庆幸时宜入四中。
如愿书林心喜悦，
成全童梦志豪雄。
沸腾热血春风意，
激荡情怀兰圃工。
为国培才舒夙愿，
杏台三尺尽诚衷。

教研组长

雷中任教试锋芒，
立足园丁培栋梁。
一级职称名美誉，
八年组长绩优良。
滋苗润土风格显，
师表为人正气扬。
桃李芬芳酬我志，
文明事业谱华章。

赞雷城中学

雷城庠序露峥嵘，
风景清幽花艳红。
素质夯基梁栋固，
科研兴教李桃丰。
杏坛敬业倾肝胆，
学子争光赛虎龙。
细雨频霑春圃旺，
书林饮誉跃巅峰。

怀念家乡旧校

无踪故校近云津，
留恋风华四季春。
琅琅书声充耳过，
茵茵花草爽心纯。
园丁壮志立兹地，
学子雄怀励哲人。
汗水秋冬经十载，
星移物换忆前尘。

教坛有感（一）

黉宫振铎志犹坚，
敬业无私学问全。
天下师儒言语美，
世间君子德行贤。
育才理念人为本，
兴国谋猷教乃先。
塑造灵魂群景仰，
尊师重教永承传。

教坛有感（二）

教鞭灵巧动坤乾，
指点河山靓丽天。
夺席通经描锦绣，
树魂励志谱奇篇。
和风送暖人才盛，
细雨滋春桃李妍。
尽瘁书林勤琢玉，
甘当烛炬尽烧燃。

教坛有感 (三)

崇高职业度华年，
育粹培英启后贤。
勤植栋梁擎大厦，
精雕柱石顶蓝天。
教师肩负千斤担，
艺苑荒开万亩园。
无悔时光酬素志，
春华秋实乐陶然。

雷中棚居生活

家乡水患虐无辜，
屋塌夜临无睡铺。
城内租来三月许，
棚中临卧半年余。
未忘灾苦日难度，
牢记茅寒风劲吁。
浩气雄心强意志，
万般险阻变通途。

全债盖楼

地皮贷款尽操持，
造屋资金兄垫支。
宅近景区多靓丽，
轩临学府甚时宜。
邯郸做梦熊罴胆，
白手建楼牛虎姿。
车到山前终有路，
成功在我创良机。

合居兄弟

凤生兄长我亲宗，
合建楼房所向同。
雁序霜寒心耿耿，
鸽原和睦意浓浓。
哥营药贩财源茂，
弟任儒师志气鸿。
感谢小平昌改革，
天公赐福乐融融。

开智书店

商住并存铺面开，
招牌响亮口碑佳。
四区业务频频至，
五县财源滚滚来。
教案精良犹得意，
情诗幽默尽舒怀。
蝇头小利能还债，
匡国为民育俊才。

颂开智书店

书苑奇葩遍地香，
名传百里赞声扬。
习题适用师生慕，
资料咸宜质量良。
种子生苗凭雨露，
人生成器赖文章。
翻经咏藻千年事，
大典名篇育栋梁。

调入湛江图书馆

春风得意日瞳瞳，
升调湛江儒业隆。
弄懂图书当己任，
繁荣文化慰心衷。
追求理想豪情满，
实现目标高志宏。
敢为人先多贡献，
自强不息竞争中。

湛江图书馆旧馆

桃红柳绿美兰芝，
旖旎风光馆址宜。
东近公园观水秀，
西临师院看山奇。
千般资料珍珠册，
万类馆藏经史诗。
城市文明当表率，
繁荣国度显雄姿。

湛江图书馆新馆

坐落人民大道中，
楼堂雄伟露峥嵘。
青龙唤雨贤才盛，
白虎生风经苑隆。
对面"中心"行赛事，
后山广厦入苍穹。
清新美景图书靓，
读者开心兴趣浓。

职称评定

殷勤工作不张扬，
业务精明常表彰。
度势审时思想好，
求真务实作风良。
论文写作争优秀，
资格审批凭特长。
称职讲师名望重，
馆员饮誉自荣光。

承包图书馆图书经营部

牛刀初试揽包营，
成果争优辛苦行。
闯荡粤东寻合作，
奔驰桂北结联盟。
调研普教商机准，
追赶新潮方向明。
贸易有方财茂盛，
为人诚信誉高声。

创办希望苑桃李文化图书有限公司

品牌形象播芳香，
盛世欣逢万事昌。
生意兴隆通四海，
财源茂盛达三江。
员工敬业聪明聚，
经理披襟气度昂。
足智多谋丰硕果，
雄才大略必图强。

拼搏进取

拓宽基业谱新章，
工作频繁朝夕忙。
琼海投标生快意，
雷州签约降吉祥。
同心同德万辛克，
共苦共甘千事昌。
得道人和鸿福广，
乘风迎日凤高翔。

穷则思变

天寒时刻盼衣棉，
口渴诚然念水源。
马瘦毛长真谬论，
人贫志短乃胡言。
克难武器雄心奋，
致富根基意志坚。
尝胆卧薪成伟业，
一张白纸谱鸿篇。

唯物主义

每逢艰险自从容，
化险为夷大胆冲。
缘木求鱼成笑柄，
飞船揽月建丰功。
人间祸福难推测，
天上风云妙探通。
放弃唯心持辩证，
黎民智慧势无穷。

奋斗成功

少年国瑞劲冲天，
敢驾云头绘锦篇。
大胆创新坚壁破，
精工探索险峰攀。
认真两字胜珠宝，
进取一心如蕙兰。
滴水千钧能碎石，
永恒奋斗凯歌还。

谋略取胜

翻开历史胜输篇，
妙计锦囊言百天。
从政凭诚施略首，
经商重誉用谋先。
雄才吕氏升相国，
大略曹公掌汉权。
自古文卿安社稷，
从来武将定坤乾。

艰辛创业

常为生计逐风忙，
劳累奔波南北方。
晨起五更天暗暗，
晚归十点夜茫茫。
面包汽水途中食，
青菜咸鱼屋里尝。
创业艰辛谁理解？
当年酸苦总牵肠。

经商有感

峥嵘岁月十三冬，
浮想翩翩似海风。
技巧公关常取胜，
信诚为本总成功。
天时地利人缘好，
世道商规礼节恭。
淋雨经霜常励志，
追求不止乐融融。

商　道

商家有道誉为先，
谋事在人成在天。
当局出招筹大计，
时贤献策谱华篇。
雪岩红顶贾神敬，
不韦窃朝商圣传。
仗义金银方可取，
诈来钱物弃当然。

商圣吕不韦

圣商故事古传奇，
窃国贾人华夏稀。
锐利眼光谋略胜，
俊豪气魄运筹宜。
秦皇嬴政其贤子，
皇后名姬他爱妻。
机遇投资回报厚，
朝中丞相妙军师。

财神胡雪岩

清朝大腕不平凡，
红顶商人胡雪岩。
军队武装投巨款，
河山收复获荣衔。
丝茶生意三江扩，
典贷钱庄四海添。
贸易须凭诚与信，
财神世誉万年瞻。

吾党"三个"代表

治世清音树惠风，
阐明宗旨意浓浓。
为民立党根基稳，
匡国强军事业隆。
科技权威惊宇宙，
精神力量震苍穹。
与时俱进重文化，
特色山河一片红。

南方谈话

邓公深圳鼓东风，
花放神州万树红。
改革蓝图光闪闪，
敞门奇策日曈曈。
披荆斩棘征程远，
摸石过河情景融。
乐曲东方音响亮，
春天故事凯歌洪。

捐书助学

中华美德乐行善，
义务扶贫情感真。
诚意山区援困校，
爱心壑野济穷屯。
赠书学子万千册，
送物课堂若干银。
喜看李桃沾雨露，
花儿朵朵笑芳辰。

荣誉证书

捐书善举大提倡，
模范行为予表彰。
上级连连牌匾送，
校园处处誉声扬。
爱心奉献高风尚，
美德弘扬好主张。
功在千秋勤琢玉，
诗文礼乐继陶唐。

荣誉证书

曹林光先生：

　　您二〇〇六年三月十八日捐赠图书于我局希望小学，助学可嘉。为衷心感谢您对我县教育事业的支持，特发此证，以示敬意。

湖北长阳县教育局
二〇〇六年五月一日

荣誉证书

曹林光同志：

　　您于一九九八年六月廿七日为希望小学捐赠图书129件，价值人民币壹拾万零陆拾元

　　　　　忠心感谢您对教育事业的支持特发此证，以示敬意。

云南省教育委员会
一九九八年六月廿八日

荣誉证书

曹林光先生：

　　您捐书助学，造福乡里，给家乡小学赠送图书 2 万多册及书架、桌椅 38 套，价值人民币 13 万多元。为表达乡亲父老对您的敬意，特发此证，以示衷心感谢！

　　　　　　　　　　　　　　　　雷州市松竹镇教育委员会
　　　　　　　　　　　　　　　　二〇〇三年八月十八日

荣誉证书

曹林光先生：

　　您给我镇赤尾小学赠送图书2万多册及书架、桌椅38套，价值人民币13万多元。为表达对您的敬意，特发此证，以示衷心感谢！

雷州市调风镇教育委员会
二○○三年八月十八日

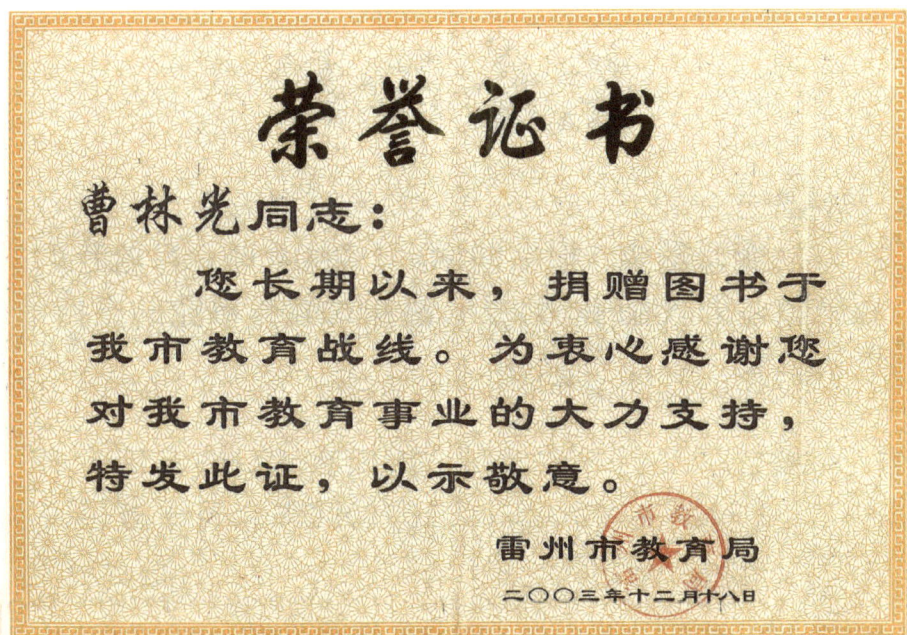

荣誉证书

曹林光同志：

　　您长期以来，捐赠图书于我市教育战线。为衷心感谢您对我市教育事业的大力支持，特发此证，以示敬意。

雷州市教育局
二○○三年十二月十八日

荣誉证书

曹林光先生：

　　您二○○五年九月十八日捐赠图书于我局希望小学，资助山区教育，为感谢您对教育事业的大力支持，特发此证，以示敬意。

广西隆林各族自治县教育和科技局

二○○五年十月一日

荣誉证书

曹林光先生：

　　您慷慨解囊，捐书助学，于 2004 年 6 月给我们赠送拾多万元图书。为衷心感谢对教育事业的支持，特发此证，以示敬意。

广西宾阳县教育局

二○○四年六月十五日

附曹兴书记贺新居落成

福地新居日久长，
丁财两旺寿无疆。
书香门第栋梁植，
名就功成代代强。

附曹兴书记颂赠书助学

兄长林光志气刚，
忠于教育誉馨香。
赠书助学功千古，
百世流芳美德扬。

感恩贵人

伴行雁序爱传扬，
逆耳良言心里藏。
棠棣关怀肝胆照，
津途指引谊情长。
几经风雨得帮抚，
屡遇艰辛获助襄。
诚意感恩君子济，
人生铭记众贤良。

欣逢盛世

人和地利聚祯祥，
财运亨通万事昌。
先接高堂圆福梦，
再迎胞弟试经商。
雄心创业宏图展，
妙手扬帆大海航。
载物修身情景美，
与时俱进谱华章。

雁序创新业

国家"普九"①至终期，
配套图书需要稀。
贸易转型当务急，
经营改道莫迟疑。
商机丽景何方探，
胞弟前途固所咨。
棠棣艰辛新业创，
售销日杂现佳熙。

注：① "普九"即普及九年义务教育。

多样经营失误

客乡设厂制衣裳，
雷府经营种养场。
赤坎拓开涂料路，
霞山创办建材行。
鸡行策失少余万，
砖业本输亏半仓。
盲目投资酿苦果，
轻浮草率必遭殃。

情牵梓里

奔走官方串镇村，
请求立项路通屯。
追加廿万公家款，
赞助百千私袋银。
捐桌捐书中小学，
索船索币梓桑津。
解除乡校工程债，
最是仁慈窘苦人。

慧星邓小平

起落三番烈火情，
置身铁索复重生。
从戎立马功劳将，
治国多谋智慧星。
旧制废除风雨急，
新章建立鼓锣鸣。
邓公勋业垂青史，
后代传扬不朽名。

缅怀邓小平

小平鹤去震苍穹，
华国黎民缅邓公。
破旧立新声誉好，
脱贫致富计谋宏。
百年雪耻终平反，
两制强邦壮大同。
奋斗一生持辩证，
运筹决策补天功。

香港回归志庆

雪耻回归万众欢，
一邦两制尽陶然。
敞开门户世间大，
走向康庄旧梦圆。
安定香江情切切，
繁荣宝岛意甜甜。
港人治港添芳景，
祖国奇葩别样妍。

勉　读

垂髫励志欲登科，
快马加鞭奋力多。
凿壁偷光笃志学，
悬梁刺股用心磨。
德才具备群嘉许，
品学兼优众赏和。
高考夺冠前景美，
为民匡国壮山河。

劝 学

黄金珍贵少年时，
耽误佳期悔已迟。
姜尚恒心鱼篓溢，
愚公壮志泰山移。
砚田历练求真义，
学海遨游获宝琪。
天道酬勤成国栋，
前途锦绣任星驰。

学生军训有感

军营列队奠根基，
熔炼人才早为宜。
雅子戎装多帅气，
女娃武扮显英姿。
先贤救国沙场战，
后辈富民弦月飞。
喜看后生威似虎，
中华大地万年熙。

寄语青年 (一)

欲登危塔鼎尖台，
育德树人冰底栽。
莫畏寒窗尝苦胆，
敢迎大雪冻红腮。
与时俱进消功利，
决策直冲争品牌。
朝气如虹辉七彩，
中华圆梦显雄才。

寄语青年 (二)

虚心进步警言佳，
骄傲吃亏诚自哀。
磊落做人声誉美，
张扬行事是非来。
身随一主生祺福，
脚踩两船酿祸灾。
交际玄机多探讨，
中庸之道记心怀。

男儿中大硕士

名牌大学数中山，
黉府深研本硕班。
十载寒窗萦月桂，
满墙金榜跨银鞍。
重峦珍宝艰辛探，
浩海玑珠英勇拈。
有志终能移峻岭，
人生跋涉贵登攀。

女儿华师硕士

潜研典籍已加冠，
折桂蟾宫又领衔。
报国丹心前者奖，
凌云壮志后人传。
长江后浪推千浪，
粉箨新篁簇万竿。
喜看儿郎皆俊彦，
临门双喜尽开颜。

严亲老家新建楼房赋

地利人和天赐祥，
依山傍水好风光。
丁财两旺豪门苑，
福寿双全裕景堂。
俊杰栋梁依辈出，
成功臣贾顺时昌。
前程锦绣宏图展，
富贵荣华代代强。

作者在老家严亲新建的楼房前留影

作者老家严亲新建楼庭院一角

作者老家翰景园一角

圆梦人生·晚年

作者退休定居广州留影

作者老家严亲新建楼大门一瞥

作者老家翰景园凉亭

离岗退休

缘鬓朱颜醉夕阳，
老当益壮度时光。
精神饱满诗生韵，
生活小康人寿长。
昔日荣枯虽化梦，
今朝淡荡未停骧。
犹存高志谈天道，
唱玉联珠读史章。

翰景园赋（一）

依山傍水翰园轩，
风月无边景万千。
翠竹苍松摇丽态，
俊男淑女展芳颜。
学优则仕门庭耀，
智颖中元富贵全。
墨海书城培国栋，
振兴赤县谱鸿篇。

翰景园赋（二）

和谐文苑暖融融，
儒雅书斋宝墨浓。
壮志争当华夏柱，
雄心竞做智滇龙。
昭章勋业存青史，
报德口碑留世中。
喜看翰园洪福运，
俊才辈出万年隆。

女儿华师工作

华南师大谓摇篮，
远过东篱胜道仙。
水碧天蓝相比美，
桃红李紫竞争妍。
图书浴德修仁杰，
学子成才度苦寒。
讲习通经传六艺，
名题雁塔耀坤乾。

男儿暨大工作

八方文化汇融区，
国府支持省委扶。
庠序花开香宇宙，
翰园柳绿靓山湖。
科研改写人生路，
高教精描锦绣途。
面向未来赢世界，
卿材广育展宏图。

颂四十七中学

素质夯基好校风，
花香鸟语美黉宫。
园丁着力李桃艳，
学子攻书情趣浓。
硬件齐全赢盛誉，
师资优秀夺殊荣。
高标鹏志赶先进，
成绩超群跃顶峰。

凯周任能国辉上中学

后浪如山奔不停，
六人比赛竞输赢。
尊师爱校辉门第，
借月偷光夺首名。
龙凤骄姿升异彩，
鲲鹏壮志晋精英。
自强何惧荆棘路，
高考登科笔落惊。

贤平莉凤上大学

扬帆破浪闯书山，
四位攻关专业班。
文阵头筹皆吐气，
艺林名显尽开颜。
心虚学问才华溢，
志笃技行声誉传。
智栋谋生前景美，
德能低劣自艰难。

静芳冬花碧锋上大学

寒窗十载上阶台，
高校初航向未来。
学海沉浮凭毅力，
人生跌起鉴胸怀。
前程艰踏嶙峋路，
后浪勇迎浩瀚涯。
但愿青春多进取，
凌云壮志化奇才。

月城至更有志气

姐弟雄怀困可排，
恒心苦学铸奇才。
校园精习操行好，
单位辛劳业绩佳。
德厚迎来鸿福喜，
艺高登上彩云台。
穷能思变宏图展，
财富之林冰雪栽。

女儿婚宴

酒家冠盛酒醇香，
囍字光华耀八方。
领导贵宾同祝福，
亲朋好友共倾觞。
大堂熙洽笑声满，
美愿频传喜气昂。
鸾凤呈祥双比翼，
鸳鸯地久更天长。

退休闲赋

如烟往事若浮云，
飘荡随风去不存。
恩怨是非常度外，
富贫名利早封尘。
扬帆学海寻珠玉，
弄墨骚园启子孙。
但愿诗文能励志，
陶唐正气满乾坤。

颂胡锦涛总书记

英明施政显神通，
科技兴邦万象雄。
免税扶田农业茂，
亲民重教国家隆。
励精图治人心稳，
尽瘁鞠躬舜尧鸿。
共唱和谐歌盛世，
中华处处太阳红。

颂首都北京

故宫楼上眺京城，
皇殿缤纷铄丽明。
紫树红花描锦绣，
绿山碧水绘丹青。
长城万里游人醉，
文物千姿旅客惊。
落地鸟巢威壮美，
红旗飘拂五金星。

盛世湛江

玉宇擎天瑞气扬，
明珠南海好风光。
鸟鸣花笑山林秀，
鱼跃虾欢水族昌。
经济腾飞谋有道，
前途锦绣福无疆。
游人盛赞滨城美，
祖国繁荣半岛强。

讴歌父母官曹兴

神州圆梦趁东风，
敢为人先勤奉公。
早出晚归怜百姓，
风来雨去问三农。
衣冠风范蕙兰洁，
群众感情鱼水浓。
播种吴川花孕蕊，
乡民翘首颂声洪。

男儿借调国务院侨办喜赋

喜闻借调合家欢，
邻里宗亲逐笑颜。
向往燕京人所愿，
追求理想理当然。
北平历代皇家地，
紫禁今朝黎庶天。
许国俊才多壮志，
振兴华夏赤心坚。

女婿军转干到省委工作喜赋

中山学府破难关，
金榜题名硕士衔。
立足军营舒鹤志，
激情仕海索骊丸。
人生向上光明路，
心态朝阳幸福泉。
厚德众和天赐喜，
前程锦绣铸华篇。

赠王贵云先生

辞家南下写春秋，
珠水谋篇志未休。
工作认真图进取，
胸怀宽广乐无忧。
琴心剑胆犹思效，
兰魄梅魂自敬修。
名望传扬超粤北，
诗文吟唱满神州。

自 抒 (一)

夕阳回首乐和哀，
苦辣酸甜喜放怀。
学海无涯凭苦渡，
书山有路倍勤开。
孤身创业艰辛度，
赤手成功幸运来。
奋斗人生诚可贵，
云霞万朵任吾裁。

自　抒（二）

曾经苦雨斗风霜，
农作工商皆入行。
社教村陬添绩效，
图书馆内创辉煌。
黉宫桃李成蹊满，
公职廉能载誉香。
经理商场诚信重，
为人低调不张扬。

自　抒（三）

居住乡间志九江，
为营步步有担当。
初临小镇结茅屋，
再入县城建瓦房。
欲向商区寻旺铺，
终奔省会购宜堂。
人生演绎多精彩，
岁月峥嵘泛瑞光。

美好家园

身随鸟语笑开颜，
稻菽幽篁入眼帘。
窗看西山千样景，
门含渡口万帆船。
北行溪水归沧海，
东往平原见沃田。
古埠云津圩口岸，
雷州有我美家园。

仙境故乡

朝霞万里景无穷，
一叶兰舟访月宫。
潋滟波光呈丽态，
朦胧山色隐娇容。
人临古埠灵思动，
身近稻香情趣浓。
入胜怡然胸臆阔，
蓬莱美境乐融融。

昔日云津埠

海潮涨落接天边，
满载归帆竞岸先。
舱内鱼虾鲜跳跃，
码头宾客乐陶然。
集圩热闹千庄贾，
渡口熙攘万里贤。
清代祖街文革歇，
流连梦里忆当年。

故居情

移居闹市品馨香，
常忆当初苦饱尝。
薯块充饥安饿腹，
薄衣御冻度时光。
生身父母功劳大，
育我茅庐意义彰。
图报感恩明孝道，
爱乡匡国志当强。

和睦乡村

两山相对永相怜，
一水环田绿映天。
世代同居南岭境，
古今共渡北溪船。
文明邻里家家乐，
和睦乡村处处欢。
五谷丰登歌盛世，
蒸蒸日上谱新篇。

中华龙

神州走遍觅灵仙，
蓬岛生根是祖先。
倒海排山扬正气，
追星揽月赋奇篇。
灭狼斗虎威环宇，
唤雨呼风益世间。
智慧摇篮名望盛，
和平崛起永超前。

故宫博物院

故宫雄伟古皇城，
文物煌煌意匠宏。
帝子开朝登殿上，
后仙随辇拥君行。
三宫旧址成遗迹，
六院佳妃已入陵。
艺术奇瑰客游地，
人民做主五星升。

长　城

疆防万里供人游，
举世闻名第一流。
不到长城非好汉，
但闻姜女作悲愁。
秦皇嬴政谋猷伟，
清帝乾隆策略周。
隘口高墙安社稷，
雄关要塞数神州。

圆明园

行宫华丽帝王园，
雄伟多姿景色妍。
人杰地灵留胜境，
物华天宝引游仙。
咸丰朝弱遭抢掠，
英法军蛮惨烬燃。
国耻莫忘存正气，
振兴赤县志当坚。

黄鹤楼

蓬莱仙景赏诗篇，
居士青莲送浩然。
遣意至言留玉韵，
寓情于景动心弦。
骋怀帆影碧空尽，
品味长江天际延。
华宇擎天昭日月，
敢教后浪胜当前。

雷州调风赋

赤土茅房岁月稠，
今朝处处见琼楼。
山清水秀千姿美，
鸟语花香万态优。
纵使无颜倾国色，
但缘有誉耀雷州。
东方圆梦九龙奋，
华夏南疆更上游。

校园赋（一）

山明水秀影徘徊，
鸟语书香花盛开。
淑女俊男怀壮志，
文官武将展雄才。
名师巨匠教方妙，
俊彦精英学法佳。
刻苦钻研成大器，
宏图伟业上高台。

校园赋（二）

诲人不倦育能贤，
温故知新教导妍。
孔子精神今广布，
儒家经典正承传。
熔炉炽热钢筋硬，
学海乘风舰艇欢。
九畹栽培丰硕果，
栋梁辈出艳阳天。

宗亲新宇赋

依山傍水意欣欢，
烟柳银波入眼帘。
龙凤呈祥纷庆贺，
燕莺歌舞尽陶然。
乐居豪苑丁财旺，
喜进儒门福寿全。
辈出世商成伟业，
荣华富贵耀千年。

挚友乔迁赋

良辰玉宇月儿圆，
穀旦宜家福寿全。
竹报平安雍睦盛，
门生富贵子孙贤。
乐居豪第承鸿运，
大展宏图纳晟源。
苗裔栋梁担重任，
功勋卓著万年传。

元宵喜赋

张灯结彩乐开怀，
喜逐明星展笑腮。
月下团圆博士懿，
花旁聚会状元才。
长江后浪推前浪，
梓里当前逊未来。
得地自收洪福景，
宏图伟业上高台。

曹妃友合家修葺祖居赋

丁财两旺晟新屋，
福寿双全裕景轩。
孝子贤孙雍贵第，
文官武将翰林园。
安居敞宇承祯气，
大展宏图谱雅篇。
喜看人才多辈出，
千秋伟业万年传。

昆季乔迁志喜

高瞻沧海流天际，
俯视翰园明画轩。
祥月映辉情惬悦，
寿星拱照意欣欢。
乐居豪宅承鸿运，
大展宏图纳晟源。
得地自收洪福景，
人才辈出铸华篇。

松竹风格

根系悬崖磐石旁，
平生正义性刚强。
高标亮节擎天势，
深谷虚怀矗地昂。
四季葱茏迎旭日，
经年挺立斗风霜。
松篁傲骨凌云志，
共与英贤壮汉唐。

黄山之旅

置身胜景在云中，
雾色苍茫看劲松。
峭壁嶙峋多峻险，
群山磅礴自豪雄。
花香鸟语游人醉，
日丽风和雅韵浓。
合影风光无限意，
每当回首妙无穷。

励　志（一）

人生理想欲高瞻，
胆壮心雄气浩然。
敢闯刀山穿虎穴，
畅游学海入龙潭。
勇超古代状元劲，
夺冠今时博士衔。
可上九天明月揽，
五洋捉鳖凯歌还。

励　志（二）

高瞻远瞩立云台，
刀刃功夫正气培。
宝剑锋从磨砺出，
梅花香自苦寒来。
竞当赤县贤良者，
赢取金牌梁栋才。
鹏志为民当砥柱，
效忠报国显雄怀。

学成匡国

三皇五帝辟人间，
艺术奇葩百万年。
弄懂经邦兴国道，
精通匡世理民篇。
勇攀科学尖端路，
播撒文明霞彩天。
伟业丰功光史册，
鸿章道德敢超前。

人生感怀（一）

如烟往事荡云空，
十载寒窗冰雪风。
从教换来糊口米，
劳心赢得育人功。
入居城市圆童梦，
挤足文坛慰寸衷。
国泰民安诗作伴，
澄明玉宇夕阳红。

人生感怀（二）

世事如云无定踪，
任其南北或西东。
悲欢许是三江水，
荣辱何非一阵风。
万卷书能安冷暖，
千盅酒可净心胸。
人情恰与诗情类，
炼到精通律自工。

人生所悟

胸怀大海阔无边，
积善仁慈育德贤。
礼让恭谦人景仰，
思深熟虑事成全。
经商策略诚为本，
从政谋猷义着先。
足智多才丰硕果，
天时地利顺其缘。

缅怀慈母（一）

孟秋辛卯鹤西行，
痛失亲人跪泪倾。
孝子贤孙思教益，
远房邻舍缅恩情。
萱堂博爱慈怀忆，
懿德辛劳美誉称。
佛国平安游乐道，
永垂不朽万年宁。

缅怀慈母（二）

蓝山姚氏母源根，
八七寿终贤德身。
儒教认真该景仰，
道经严谨可遵循。
萱堂春永栋梁育，
宝婺星明气度存。
壶范母仪天下敬，
芝兰传世照曹屯。

缅怀慈母（三）

德高望重四邻钦，
海纳百川谦让人。
教育子孙倾肺腑，
振兴庭户费心神。
明贤慈善语言美，
淑训怡颜懿德亲。
七六①西归天国乐，
清风绛帐益乡民。

注：①2011年农历七月初六。

牡丹吟

国色天香点染工，
姚黄魏紫赏心同。
花开富贵千秋仰，
姿曳荣华万户崇。
玉骨仙妆如欲语，
红衣金粉似临风。
洛阳有意邀宾客，
大雅雍容气度洪。

颂牡丹

绮态天然西子容，
风流独占百园中。
蜂衔金粉芳超桂，
月照仙妆艳胜虹。
昔日王孙妃嫔仰，
今朝市井布衣崇。
娇姿载舞圆嘉梦，
赞美山河一片红。

荷花颂

参差碧玉水中妆，
袅袅甜甜溢远香。
默默丰神强鹤骨，
亭亭绮态罩云裳。
凌波仙子尘何染，
织锦天孙貌岂藏。
丽质生来君敬颂，
情怀高洁艳诗章。

芙蓉赞

荷塘月色漫幽香，
红炬霓裳闪闪光。
沙暖鸳鸯萦绮梦，
星辉菡萏赋华章。
污泥不染清风送，
浊水无侵正气扬。
天下母仪千古颂，
花中君子永流芳。

吟　莲

自古青莲墨客崇，
朱颜秀貌一池红。
风中艳蕊芳香溢，
叶上金蟾惬意融。
有道劲松存骨气，
还瞻清水出芙蓉。
浊声无扰圣花静，
绮态天然雅韵浓。

家　颂

厚德慈怀秉善良，
人和地利景隆昌。
祖承庭训琴心济，
代衍家风孝道彰。
桂子兰孙酬伟业，
文卿武将谱华章。
海之鸿福齐天寿，
鼎盛荣华日月长。

挚友新居祝福

禧居豪宅志尤坚，
笑逐颜开意万千。
匡国为民华夏柱，
通今晓古状元贤。
鸿篇巨著成勋业，
喜报频传奏凯弦。
得道人和天赐福，
有缘地利乐绵绵。

心　志

锦绣前程自辟开，
千红万紫用心裁。
玉能雕琢珍瑰品，
人可育陶梁栋才。
铁棒成针堪耐性，
水帘穿石乃恒怀。
周公吐哺赢天下，
壮志豪情御景来。

无　题

海阔无涯天作岸，
攀登绝顶我为峰。
近观原野饶青翠，
俯瞰黄河显紫红。
公道明于千里月，
婆心忙似半山风。
水清如镜美如画，
云想衣裳扮丽容。

欣赏著名书画家胡江教授国画有感（四首）

（一）

襟抱丹霞唱大风，云笺铺玉脱飞龙。

心藏海岳宏图展，灵府天机气象雄。

（二）

鬼斧神工山水融，升腾澎湃贯长虹。

天孙织得瑶池景，无限风光在险峰。

（三）

磊落江湖入妙功，畅游墨海捉蛟龙。

胸装万卷芸篇著，笔下神州万象隆。

（四）

腕底烟云咫尺间，匠心独运绘河山。

嘉陵倩影怜春意，日月星辰在笔端。

承蒙蔡东士书记赐玉题写书名感赋

粤东俊彦数风流，
贤士挥毫墨宝优。
秉政励廉扬正气，
亲民硕德誉千秋。

蔡东士　中共广东省委原副书记

承蒙陈坚贤兄赐玉题词感赋

十贤①史绩壮雷州，
半岛万帆争上游。
雁序励廉扬正气，
忧民爱梓誉千秋。

注：①指雷州古代十贤士。

陈坚　广东省人大原副主任

承蒙王兆林贤兄赐玉题词感赋

千古雷州万象优，
地灵人杰数风流。
鸰原秉政廉声著，
竭解庶黎桑梓忧。

王兆林　广东省政协原副主席

述　曹

曹国西周奠肇端，
子孙国姓永相连。
曹皇振铎尊先祖，
魏武曹操敬圣贤。
溯远文臣安社稷，
寻踪武将定坤乾。
雷州十五公兴盛，
不愧先贤伟业传。

曹氏始祖赞

西周曹国建陶县，
宗姓延绵血脉连。
六叔王侯尊始祖，
金龙振铎乃先贤。
开疆匡世九州颂，
拓土为民百姓欢。
润物雨神人爱戴，
丰功盛誉万年传。

名人评曹操

润之笔下真男子，
善断多谋魏国公。
沫若复曹操盛誉，
树人颂武帝丰功。
戏台歪说君皇诈，
历史正传孟德忠。
去伪存真还本目，
当称宰相是英雄。

名门望族赋（一）

周朝六叔开曹国，
西汉曹参丞相才。
魏武雄风威宇宙，
红楼巨著悦心怀。
御封知县本宗首，
诰赐大夫吾祖赅。
宗辈辉煌功显著，
喜看后裔业鸿开。

名门望族赋（二）

流长源远意和谐，
继往开来文化佳。
敬祖传孙扬孝道，
爱民匡国显忠怀。
名门代代英雄汉，
玉史章章柱石才。
更上层楼千里目，
风光无限胜蓬莱。

父老宗亲颂宗祠（一）

古香古色大祠宽，
坐北朝南好壮观。
后倚灵山兴仕气，
前临秀水广财源。
左龙唤雨培才子，
右虎生风育状元。
松柏常青青万古，
牡丹富贵贵千年。

父老宗亲颂宗祠（二）

血缘福建溯山东，
雷府英名十五公。
相祖枝繁清县令，
琏宗叶茂彦祠翁。
前贤砥柱鸿图展，
后秀栋梁伟业隆。
万岁祠堂滋后代，
千秋福气赐同宗。

和光哥宗族诗（兴、华）

名门代代栋梁才，
壮志豪情启未来。
仁德之家扬孝道，
功臣府第显忠怀。
人生理想高天远，
尘世行端瑞雪裁。
喜看后昆成大器，
振兴华夏业鸿开。

《曹风》有感

共振曹风策马鞭，
宗亲追溯谱先贤。
辞章歌颂声情美，
勋业恩承福禄全。
诗礼名门扬海内，
建安风骨誉坤乾。
辉煌故国三千载，
文化精神代代传。

顺德桃村曹氏宗祠落成致贺

桃村望族福绵绵，
照眼风华光景天。
院落文章生瑞气，
殿中祖像显威颜。
忠心报国丹青美，
孝意延宗品德贤。
振铎裔孙千载盛，
丰功伟业万年传。

曹国文化研究会湛江分会成立喜赋（一）

辉煌曹国在山东，
振铎亲缘四海隆。
雷祖化州当县令，
廉宗苍道统军戎。
清平俊彦双兄弟，
雷地英名十五公。
万岁雨神滋后代，
千秋六叔福同宗。

曹国文化研究会湛江分会成立喜赋（二）

成鹏兄弟创和谐，
梅菉宗亲意惬怀。
继往迎来家顺遂，
承先奋发业鸿开。
名门文化五洲耀，
风骨精神四海培。
史上杰贤存浩气，
后生壮志上高台。

调风内崛曹公祠落成志庆

曹门代代福无边，
龙凤呈祥御景轩。
庭院诸方腾紫气，
正堂列祖显威颜。
心存德孝迎鸿运，
志向国家承彦贤。
苗裔栋梁多辈出，
前贤勋业万年传。

曹雪芹与《红楼梦》

雪芹巨著耀光芒，
誉满乾坤中外扬。
社会兴衰文卷叙，
贾门没落戏台详。
多愁善感林家妹，
自理无能宝玉郎。
封建影儿全反映，
文豪身世本书藏。

颂西汉宰相曹参

江苏沛县出英雄，
故里官豪随沛公。
高祖讨秦当猛将，
项刘大战建丰功。
汉王立国侯爵赐，
惠帝推贤相位隆。
勤政曹参民拥戴，
萧规无变永推崇。

颂北宋第一良将曹彬

祖居河北尉官当，
三代忠臣史载详。
善战超常升统帅，
智谋出众坐高堂。
勋功卓著枢密使，
仁敬和贤武惠王。
望族恩深存孝道，
宋朝良将世间扬。

颂北宋曹皇后

曹彬孙女志尤刚，
熟读经书礼大方。
帝阙兵讧危不惧，
仁宗驾险瑞呈祥。
东坡下狱诚心救，
朝政垂帘正气扬。
外戚作风显忠义，
八仙国舅誉馨香。

说曹植

曹操宠爱晋陈王，
八斗才高誉四方。
孟德欲思培太子，
昆兄妒忌耍阴阳。
诗文精练语言美，
辞赋芳华手法良。
七步吟诗垂万古，
建安风骨永弘扬。

曹操之大诗人

戎马终生百世雄，
诗文墨宝后人崇。
抒怀托景观沧海，
言志宽胸吹劲风。
坦率慨慷成典范，
穷通豁达显神功。
润之偏爱建安骨，
鲁迅称扬魏国公。

中国梦

爱国情怀气贯虹，
忠肝义胆显豪雄。
推翻帝制孙元帅，
建立共和毛泽东。
改革潮头千浪涌，
复兴事业亿民崇。
喜看华夏九龙奋，
追梦征途景万隆。

丹霞游

日出韶关升紫霞，
鸟鸣花笑富康家。
阴阳两石相言语，
姐妹群峰望女娲。
菩萨拦江江绕道，
锦屏照水水生虾。
世间竟有瑶池景，
唤得天孙织锦纱。

登白云山

云头俯瞰景悠悠，
锦绣风光眼底收。
珠水怀中藏亚馆，
蛮腰天上会龙酋。
南沙秀丽泱泱海，
从化矜骄绿绿洲。
更喜羊城商贸旺，
无穷市井竞风流。

泰山顶上松

顶天立地泰山松，
天性刚强喜劲风。
久历寒霜扬锐气，
常熬酷暑自从容。
盘根错节峭崖底，
梳叶参差云上空。
万载常青均一色，
铮铮傲骨孰能同？

七星岩

沿岸青峰气势昂，
七星下界富农桑。
林涛阵阵鸣天籁，
云海团团送吉祥。
好似蓬莱仙境丽，
有如宫殿御园芳。
风流叶帅留诗迹，
装点奇观美誉扬。

杭州西湖

清波倒影映奇峰，
骚客光临意趣浓。
出水芙蓉摇丽态，
苏堤杨柳舞娇容。
雷峰塔底白蛇传，
灵隐寺前法海踪。
最是东坡题墨处，
西湖西子貌犹同。

雷州西湖

天造西湖景色优，
东坡流放此淹留。
修身玉竹消尘散，
带露墨兰排客忧。
绿柳随风戏云水，
骚人挥笔写春秋。
十贤故事催群奋，
自古雷州壮志酬。

雷州雷祖祠

英山前矗雷祠祖，
播雨滋田赤县龙。
律己严人扬正气，
压邪镇鬼振雄风。
题词教化世间美，
赐匾躬修宝地丰。
刺史英名垂万古，
千秋香火祭陈公。

雷州游

(步曹瑞宗宗兄原韵)

秋枫吐艳正中秋，
邀友同行故里游。
入胜西湖陶客醉，
耸云东塔把吾留。
脑中浮现童年趣，
心底常存桑梓忧。
俯瞰南河舟泛海，
滔滔碧水向天流。

漓江游

举家偶旅喜心扉，
荡漾清波映彩辉。
两岸青山相对出，
三行白鹭并肩飞。
嶙峋峭壁人思奋，
旖旎林光鸟乐归。
仰石寻烟情境美，
青莲犹在定吟诗。

桂林山水

锦峦矗立入云端，
峭壁青崖看壮观。
攀越羊肠尝野果，
觅来龙穴饮清泉。
玉簪罗带身姿美，
鸿影林光气象妍。
日出江花红胜火，
和谐社会艳阳天。

雷州仕礼岭

神奇礼岭景无边，
飞鸟蛇爬草木妍。
水起风生龙霸气，
云吞雾吐虎威严。
眺南沧海千帆影，
俯北雷州万顷田。
雄壮母山情义重，
催人奋发志冲天。

英雄本色

胸怀壮志敢追求，
吞吐乾坤大计筹。
滚滚硝烟冲敌阵，
泱泱洪水驾方舟。
牺牲自己何图报，
造福他人岂索酬。
亮节高风扬美德，
自强不息度春秋。

路

混沌分离初拓疆，
今朝有路上天堂。
人生向道须摸索，
尧甸屯田靠垦荒。
西藏雪峰铺铁轨，
长江浪面架桥梁。
神舟九号飞银汉，
贵在雄心斗志昂。

贺航母试水

海面波涛闹巨龙，
南疆风雨创丰功。
护航保岛威中外，
反弹防空镇鬼雄。
电闪雷轰何所惧，
浪翻礁阻总从容。
神州儿女多奇志，
世界舞台旗帜红。

欢呼神舟九号上天

中华科技建丰功，
神九登天气势宏。
才女胸怀装宇宙，
巨龙银汉绕苍穹。
玉皇敬酒谊情重，
娥妹献花心意浓。
满载而归光史册，
黎民振奋国旗红。

讴歌党的十八大

京都捷报凯歌传，
十亿黎民尽笑颜。
旗帜辉煌光史册，
神州崛起冠坤乾。
三中全会开新路，
四代核心书锦篇。
继往开来筹大计，
长征接力猛加鞭。

习近平总书记视察广东

换届中央谱锦篇，
创新改革信心坚。
空谈误国箴言醒，
实干兴邦法宝延。
视察朋城花木暖，
交流穗市庶黎欢。
今朝重走南巡路，
反腐倡廉固政权。

雷州天云寺

雷州有史物华丰，
隐隐风传古刹钟。
后枕冈丘生瑞气，
前临湖水见芙蓉。
神光流彩禾田壮，
佛貌慈祥香火浓。
人杰地灵名誉美，
"万山第一"日曈曈。

雷州红树林

红林耀眼接霞红，
傲立海边如劲松。
日晒浪推何所谓，
雷轰雨打总从容。
涛声作伴弹谐曲，
鸥鸟为朋唱大风。
一片荒凉成绿野，
固沙保土建丰功。

雷州南渡河

随心南渡乐悠悠，
我与溪河结伴游。
杨柳翻波迎贵客，
渔夫舞桨划轻舟。
雷歌娓娓令人醉，
燕舞翩翩消怨愁。
更喜稻花千重浪，
农民阡陌笑丰收。

颂雷州碑廊（一）

李氏贤良建翰林，
弘扬文化意尤深。
诗山藏有千年事，
词海包含五岳音。
二亩青莲朝放鹤，
一帘凉月夜横琴。
风流墨客凌云笔，
引发方家潇洒吟。

颂雷州碑廊（二）

技艺超群靓石雕，
雄词放荡见文豪。
骚人树立篁松志，
书法纵横天地骄。
仙景浮眸三界赋，
神龙着意半空飘。
清风出袖吾崇尚，
笔落云烟心境高。

雷州古城

文化名城大雅风，
古香寺塔显峥嵘。
南桥商铺财源茂，
北岭酒楼生意隆。
云雨衙门云雨事，
柳腰韵味柳腰容。
星移物换人间变，
已是共和旗帜红。

雷州文化 (一)

雷州文化上千年，
半岛风光万象妍。
丝路中途当驿站，
越人故国有遗篇。
雷神崇拜威华夏，
石狗闻名冠宇寰。
铜鼓俚歌堪特色，
火山红土乃天然。

雷州文化（二）

雷州文化岭南中，
热带浪花掀劲风。
府地名声华夏榜，
古城品位湛江龙。
西湖八曲通河域，
元塔九层探月宫。
妈祖祠公香火旺，
十贤传世显峥嵘。

贺广东雷州商会成立

"商会"召开增国荣，
翻开新页树新风。
经营联手根基固，
开拓抱团能量雄。
打造雷州经济带，
振兴赤地富商峰。
扶贫项目帮黎庶，
教育基金助学童。

赞雷州人杰

古有十贤传世间，
今天百杰谱新篇。
高层"厅部"才华溢，
基础"处科"智勇全。
巨贾千家争季冠，
文人万户站前沿。
雷光闪耀九龙奋，
辈出英豪代代传。

诗赠莫各伯、徐英两兄长

莫徐兄长为吾师，
同异特长形影依。
各伯丹青书法靓，
徐英典籍字词熙。
画家妙绣山河壮，
教授雅吟星月奇。
宝墨流芳千载赏，
诗章教化万年宜。

欣赏著名书画家莫各伯先生墨竹画有感（四首）

（一）

风骚独占峻崖中，傲骨天生似劲松。

四季葱茏还自逊，自强不息创丰功。

（二）

四十春秋志满胸，星辰日月尽融通。

虚心亮节传贤德，潇洒翩翩送惠风。

（三）

弄月撩云抚彩虹，林间栖凤夺天工。

修身玉竹清风送，过雨山窗日映红。

（四）

华彩乾坤气势雄，亭亭玉立吻苍穹。

笙歌倩影纯真露，君子情怀与竹同。

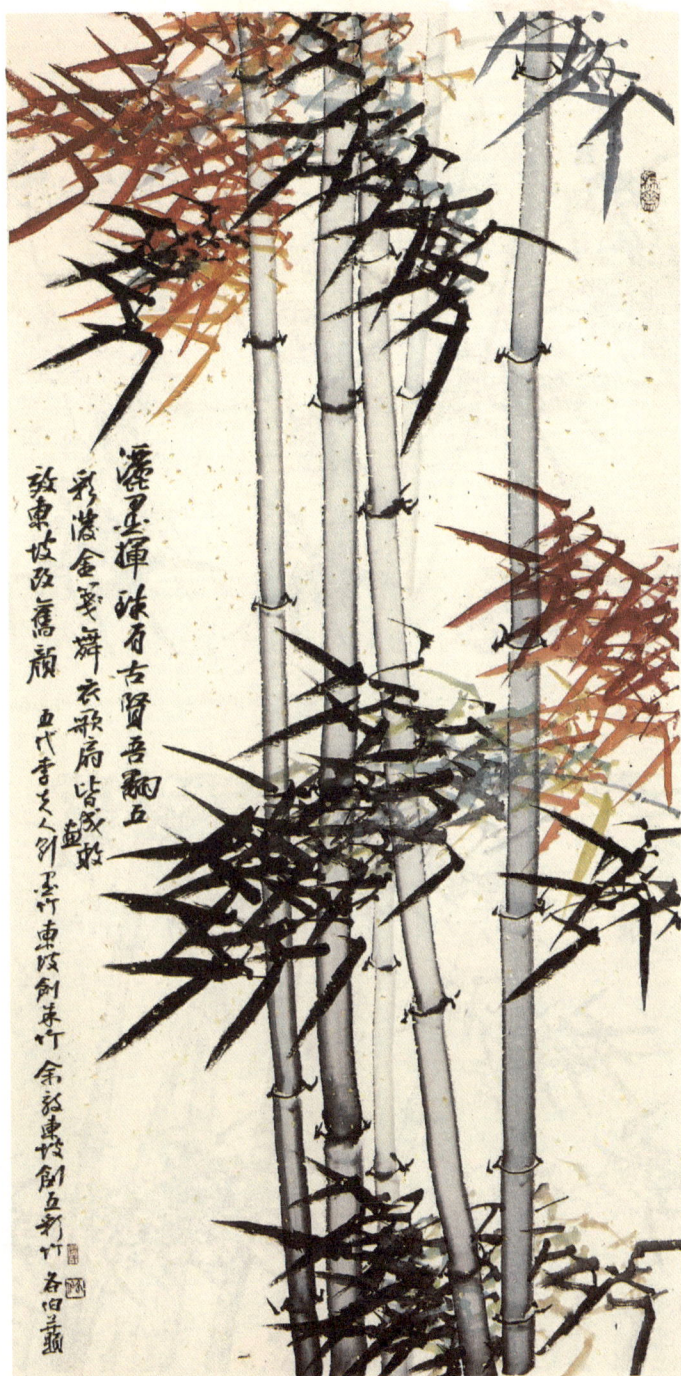

著名书画家莫各伯先生墨竹画欣赏

著名书画家莫各伯先生墨竹画欣赏

广州海心塔

登塔巨商升太空，
情浓意切访天龙。
双方携手建环宇，
结对铭言歌大风。
茂盛资源施地库，
裕丰物质送皇宫。
共赢合作皆欢笑，
感谢羊城塔立功。

广州亚运会

亚运成功众笑容，
烟花闪耀帜旗红。
虹桥迎送五洲客，
珠水招来四海龙。
峻塔云霄邀皓月，
健儿江里竞英雄。
情真意切难分手，
寄望重逢唱大风。

广州春秋季交易会

春秋两季会商都，
场馆琶州绘彩图。
外贾万家寻宝玉，
内商千里觅珍珠。
机来水往如潮水，
车去帆回各路途。
生意兴隆通宇宙，
财源茂盛满江湖。

广州步行街

自古花城贸易强，
"十三""上下九"风光。
"北京路"面人头涌，
"王府井"前生意昌。
出港货轮多泛泛，
入仓车马急忙忙。
繁荣景象时时美，
再创辉煌福祉长。

广州历史文化 (一)

五羊衔穗福民间，
风月无边景万千。
粤剧方言呈特色，
骑楼寺院现奇观。
城隍庙会祈祯气，
珠水龙舟纳晟源。
少爷东山歌靓丽，
西关小姐舞翩跹。

广州历史文化 (二)

广州古迹显多稠，
三代越王精运筹。
危塔擎天民乐业，
英雄立地庶消愁。
抬头坊阙状元匾，
举步商场旅客楼。
"十甫九街"歌盛世，
花城灯火耀环球。

广东岭南诗社感赋

刊物名扬冠九州，
千千赤子竞风流。
承先启后传神韵，
激浊扬清颂锦秋。
高举骚旌圆国梦，
长挥鸿笔赋金瓯。
为吾华夏复兴路，
虎啸龙吟展壮猷。

广州地铁感怀

钻地潜河来去匆，
电梯升降意浓浓。
洞天载客如潮涌，
轻轨穿梭似甲龙。
月夜良宵歌盛世，
霞光丽日唱东风。
英明党策强民路，
锦绣中华代代隆。

广州胸怀

晨光普照碧天空，
心旷神怡沐蕙风。
邈邈情思藏梦底，
徐徐昊气入云中。
近瞧百鸟栖珠岛，
远眺千帆逐浪峰。
福地包容环宇客，
各行各业竞英雄。

飞机上

春风送暖喜洋洋，
我坐飞机天上翔。
俯瞰长江帆点点，
平瞻云海白茫茫。
高楼大厦参差立，
峻岭奇峰平展张。
浩瀚苍穹无限阔，
蟾宫帝所试疏狂。

渡口风雨亭

暴雨轰雷总不停，
争先恐后入凉亭。
幽然阡陌蒙苗壮，
简陋檐蓬绕竹青。
北港荷花红靓丽，
南湖杨柳绿晶莹。
轻舟缓缓凌波过，
笑脸盈船皆是情。

颂曹国文化研究会曹长明会长

领军魁首站前沿，
孝道琴心榜样传。
礼让躬身人景仰，
德高望重族尊贤。
溯源探究曹家史，
立本弘扬圣祖篇。
敬业无私多奉献，
璜璋代佩子孙延。

颂《曹风》专刊正副主编

六载《曹风》业绩丰，
艳阳甘雨沃葱茏。
承前启后辞章美，
绣凤雕龙色彩浓。
春柳雾中含露舞，
秋枫霜后着丹烘。
呕心沥血光宗史，
展现名门正气雄。

颂福建玻璃王、大慈善家曹德旺（一）

童时穷困挺胸膛，
少壮雄心信自强。
叫卖烟丝尝苦辣，
经营水果品甜香。
功成济世若干亿，
名就扶贫难计量。
鼎鼎功商却朴素，
丰标大爱誉声扬。

颂福建玻璃王、大慈善家曹德旺（二）

道生本立义仁崇，
报国为民卓著功。
兴学故园情切切，
通衢梓镇意浓浓。
山东福建关怀满，
侨办蜀川资助丰。
望族历朝多贡献，
曹门自古育英雄。

颂广东企业家曹成鹏兄弟（一）

怡怡棠棣谱新章，
奕世英豪正气扬。
敢为人先胆犹壮，
不甘居后志如刚。
经商大略诚惟守，
创业雄才义岂忘。
拓展宏图收硕果，
戒骄戒躁业隆昌。

颂广东企业家曹成鹏兄弟（二）

橘林荆树众佳言，
佛义惠存书善篇。
敬祖尊宗扬孝道，
扶贫济世惜能贤。
捐资助学师生赞，
筑路修桥德义延。
慷慨解囊情意厚，
曹家昆仲口碑传。

清华北大漫步

金字簧门闪闪光，
奇花瑞草沐朝阳。
齐云高塔夯基起，
拔地梁才苦度量。
北大从来名挂冠，
清华自古誉流芳。
长江后浪推前浪，
"五四"精神代代扬。

品尝北京烤鸭

盛誉渊源紫禁城，
今朝中外好名声。
皮红骨脆容颜美，
肉嫩质醇滋味馨。
始自九州皇帝席，
承传百载市民情。
首都处处尝珍品，
聚德为宗最上层。

山间竹笋

咬定苍岩不放松，
如茅锋利向高穹。
芦丛风里娇姿美，
竹笋山间长势雄。
解箨心虚根底固，
丰餐色美味香浓。
佳肴名菜多推介，
名节铮铮应表崇。

山乡风光

山陬气象数春秋，
绿草红花四季酬。
异卉飘香黄蝶采，
清溪卷浪白帆流。
手机彩电农家里，
宝马奔驰村巷头。
今日城乡差距小，
全凭改革展嘉猷。

观瀑布

翻云堆雪下人间，
澎湃升腾五彩烟。
润泽天荒川野绿，
沐滋尘世稻花妍。
惊雷苏醒初春梦，
击浪推开新纪元。
化为三江归四海，
奔腾不息惠千年。

竹篙与渔夫

长竿撑岸过川江，
浪击飞舟向远洋。
利刃年年金骨挡，
暗礁日日铁蹄防。
深潭万丈擒龙鳄，
逆水千程捉豹狼。
手握蓬篙风雨搏，
身经百战阅沧桑。

回归原点（一）

光阴似箭逼龙钟，
遥想芳年稚趣浓。
斗蟀放筝擒小雀，
钓鱼抓蟹捉昆虫。
拳伸脚踢灵猴耍，
水挡沙埋慧眼蒙。
满目青山明夕照，
从来英杰出神童。

回归原点（二）

欣逢甲子且回眸，
指顾当年壮志酬。
敢闯书山求妙谛，
勇游学海解难忧。
艰辛创业名声美，
诚信做人荣誉优。
净化性情童为伴，
猜谜游戏稚心留。

人生哲理

得道人和天地扶，
与时俱进展鸿图。
成功常历千番折，
失败何惊百次输。
滴水玑珠柔破石，
流云棉絮暴倾湖。
熔炉炽热钢方硬，
骏马腾飞万里途。

华师撖言

摇钱有树莫淫奢，
居乐思危顾国家。
大雅光芒扬正气，
离骚风骨压阴邪。
残云岂可消明月，
烟雾徒劳遮旭华。
理想泱泱铭赤帜，
人生矢志向朝霞。

美景春心（一）

胜地芳芬春意深，
亭台驻足阅碑林。
松风和畅弹情曲，
泉水甘甜醉客心。
天上神仙将景赏，
地方雅士把诗吟。
古今人类倡文化，
悟得玄机值万金。

美景春心（二）

瑶图天赐自销魂，
吾在画中称贵宾。
漫野丛林腾绿海，
危峰壑谷拥祥云。
人情练达开青目，
世态洞明除俗尘。
纷扰烦嚣从此罢，
桃花仙境长精神。

黄　河

终日奔腾向海流，
波涛滚滚未曾休。
青山两岸相言语，
碧浪千层互竟酋。
咆哮如雷惊日月，
柔和似佛惠田畴。
民心好似黄河水，
怒可沉舟笑载舟。

长 江

奔腾汉水下天台，
澎湃滔滔不复回。
万柳绿堤耽玉带，
千帆戏浪荡襟怀。
暗礁勇闯凶鲨斗，
远浦激流古堞摧。
放眼宇环迎挑战，
千秋伟业再鸿开。

庐 山（一）

雄峰峭壁耸云间，
瀑布流泉破谷川。
暮色茫茫松柏茂，
烟波滚滚岁时迁。
骚人佳句传千里，
政客豪言咏万年。
要识庐山真面目，
请君鉴古问青天。

庐　山（二）

鬼斧神工气势雄，
上天造化果非同。
银河倒挂青莲咏，
翠岭遥驰苏轼崇。
仙洞香炉生雾气，
峻岩峭壁耸苍穹。
人生好比庐山景，
无限风光在险峰。

处　世

戒骄贵在不张扬，
知拙尽勤藏智囊。
笃学从来无止境，
谨行自古没迷航。
玉非雕琢难成器，
剑是砺磨才闪光。
世态炎凉心态美，
人情冷暖谊情长。

峥嵘岁月

无悔人生感万千，
酸甜苦辣乐无边。
十年饱读雄心奋，
九畹勤耕意志坚。
教学攻关堪出色，
营销破垒有嘉言。
心中只有存真理，
水到渠成亦自然。

老屋门前榕

挺立云津千岁榕，
天华历尽仍从容。
涤星荡月光明路，
凝雪融冰温润冬。
杆护福门生紫气，
叶遮烈日送清风。
沧桑不老扶疏貌，
抖擞精神似劲松。

故居感怀

故土云津古埠边，
芳林翠竹绕家园。
风吹稻浪惊银鹭，
天降雨珠清渡船。
溪里鱼欢情切切，
岸堤柳舞意绵绵。
平生不诵悲秋调，
盛世欣逢笑入眠。

孔　子

列国周游口袋空，
平生忧道不忧穷。
育才培德丰功仰，
重教传经青史崇。
治国主张仁与义，
修身倡导孝和忠。
儒家始祖民尊拜，
智慧贤师日月同。

海南亚龙湾

碧波万里望无边，
闪闪银滩露半圆。
岸上听涛动情趣，
水中飞艇有乾坤。
鲨鱼浪里翻跟斗，
鸥鸟船头献笑颜。
大海风光无限美，
身临其境胜神仙。

天涯海角见闻

千帆远去入云间，
碧浪滔天映眼前。
奇石琳琅环宝岛，
绿椰披果卫垠边。
可嬉可泳群贤择，
能画能诗众客连。
多少名人留墨迹，
抒怀海角醉绵绵。

雷城三元塔晚眺

登高眺远意浓浓，
万里星辰百里峰。
细雨吐丝山脚下，
晚霞含露海怀中。
渔舟叶叶迎清浪，
杨柳株株展丽容。
胜似彩云追皎月，
神州大地乐融融。

偶　赋

富贵奢靡必自哀，
贫穷缺志视无才。
小人欠德难成器，
公子逞强定惹灾。
得道众和神辅助，
有缘地利友常陪。
周公吐哺赢天下，
坦荡胸襟福自来。

高中同学聚会抒怀（一）

意气风华正茂时，
黉营求学美如诗。
班荆同道同心愿，
昆仲同床同饱饥。
当道芝兰初孕蕊，
果然桃李自成蹊。
寒窗追梦英姿现，
历尽沧桑志不移。

高中同学聚会抒怀（二）

星移斗转一挥间，
四十余秋变万千。
阅历方知光景贵，
业成欣笑岁途艰。
川流滚滚峥嵘路，
往事悠悠冷热年。
物是人非风雨去，
愿君洪福意绵绵。

乔居喜赋

海涨船高好运来，
吉祥如意景尤佳。
安居富贵千般美，
乐享荣华万态谐。
福寿双全多惬意，
丁财两旺喜开怀。
栋梁代代承祯气，
大展宏图显杰才。

作者老家翰景园百花争艳

作者（左二）与广东省人大原副主任陈坚乡兄（右二）及广东省教育厅纪委原书记李敏乡兄（左一）、华南师范大学教授徐英乡兄（右一）讨论《圆梦人生》诗稿后合影

作者（中）与广东省人大原副主任陈坚乡兄（左一）及华南师范大学教授徐英乡兄（右一）一起研究诗艺

宗亲挚友贺诗

一本很有思想内涵和艺术韵味的珍藏书

作者（左一）与广州市政协原秘书长（广州市正厅级巡视员）、知名作家吴茂信乡兄（右一）讨论《圆梦人生》诗稿后合影

作者（右一）与中国书法家协会会员、广东省文史馆特聘馆员李建华先生（左一）合影

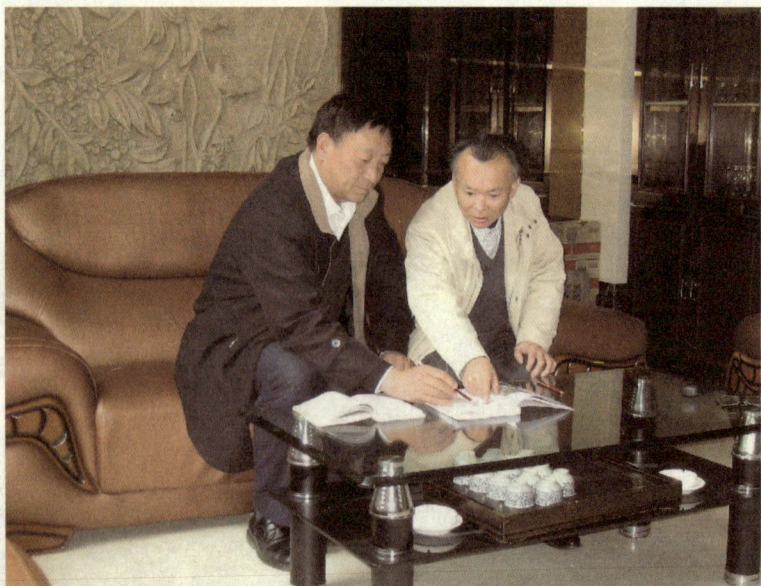

作者（右一）向广东省岭南诗社副秘书长、《岭南诗歌》编辑王贵云先生（左一）请教诗艺

贺曹林光先生《圆梦人生》诗集付梓（三首）

林峰　2013 年 12 月于北京

（一）

百花艺苑竞争妍，
挚友诗坛写锦篇。
情寄山河舒壮志，
笔歌社稷庆丰年。
人生圆梦艰辛路，
心态朝阳幸福泉。
乐善仁慈群景仰，
高风美德应承传。

（二）

数年历练展风骚，
晚岁雄心骋骥骄。
梦笔玲珑连宇宙，
桃花源里尽逍遥。

（三）

松竹拔涯峰，
清音荡半空。
居高吟皎月，
情趣果非同。

拜读曹林光宗兄诗集有感
——闻徐闻一支曹姓确认为曹操后代欣然而占

曹南才　2013 年 12 月于广州

羊城近遇本家兄，　　扶青掖后行儒志，

初见方知是乃雄。　　赋墨吟诗唱大风。

奋斗多年成硕业，　　惊悉徐支①循此脉②，

斟研一世显真功。　　莫非廉湛③亦同宗？

注：①徐支，即广东湛江徐闻一支曹姓。

②循此脉，即被确认为曹操后代。

③廉湛，即广东湛江廉江一支曹姓。

曹南才　广东省委原副秘书长、广东省作家协会会员

贺曹林光先生《圆梦人生》诗集付梓

李敏　2013 年 12 月 10 日于广州

真情实感赋诗章，　　人生进取脱贫困，

韵浸春风溢远香。　　天道酬勤可富强。

锦绣青春流血汗，　　厚德敏行陶后代，

峥嵘岁月傲风霜。　　自强励志永弘扬。

李敏　广东省教育厅原纪委书记

嘉贺曹林光宗兄《圆梦人生》诗集竣梓

曹兴　2013 年仲冬于湛江

精雕细琢显神工，
字里行间透惠风。
魏骨唐风情切切，
今音古调韵浓浓。
杏坛施教李桃茂，
商海探骊声誉隆。
奋斗人生留宝典，
承传后辈学无穷。

曹兴　广东省湛江吴川市委书记

贺曹林光老师《圆梦人生》付梓

倪星　2013 年 11 月于中大

云笺吟律意尤新，
贵有恒心学问勤。
国粹弘扬舒壮志，
骚坛驰骋长精神。
寄情入胜人人慕，
聚雅生辉处处春。
盛世今逢栽玉树，
百花园里绿茵茵。

倪星　中山大学行政学院教授、博士后、博士生导师

贺曹林光老师《圆梦人生》付梓

庄森　2013 年 12 月于华南师范大学

雅韵深研几度秋，
聚成宝玉撒神州。
沧桑阅历宏图展，
坎坷人生壮志酬。
笔落润春心态美，
诗吟绿苑意情柔。
高风亮节胸怀广，
律格和谐众所求。

庄森　华南师范大学文学院教授、博士后、研究生导师

贺曹林光宗兄佳作付梓

曹堪宏　2013 年 12 月于广州

云津笔下景和谐，
诗意盎然形象佳。
巧匠能工描社会，
豪情壮语展雄怀。
玉经雕琢成珍品，
人信熏陶作栋才。
奋斗一生诚可贵，
成名福分竞争来。

曹堪宏　广东省政府侨联秘书长

贺曹林光诗家佳作付梓（两首）

李剑锋　2013年12月10日于北京

（一）

朝夕辛勤蹈碧澜，
浪尖风口凯歌还。
书林商海雄才展，
阅历穷通笔壮观。

（二）

峻岭一奇峰，
泉音出洞中。
居高声自远，
岂是藉秋风。

李剑锋　北京驰讯传媒有限公司董事长、中华当代文学会会长、北京《诗词世界》杂志社社长

喜贺曹林光诗家《圆梦人生》付梓

郭云　2013年12月10日于北京

水墨年轮翡翠秋，
丹青不负苦耘畴。
几经尴尬怨声忍，
卅载峥嵘硕果收。
梦笔玲珑书瑞景，
华章亮丽献新酬。
月窗商海皆留趣，
如火人生任自由。

郭云　中华当代文学会诗词研究会副会长、北京《诗词世界》杂志社主编

贺曹林光宗兄《圆梦人生》佳作竣梓

曹兴华　2013 年 11 月 8 日于广州

童年立志甩贫穷，
岁月峥嵘唱大风。
昔日寒酸苦难度，
今朝幸福誉声隆。
人生圆梦精神爽，
梓舍牵怀情意浓。
翰墨诗书留雅韵，
力追轼辙鸽原功。

曹兴华　湛江市信访局副局长、湛江市政府驻广州办副主任

曹林光先生《圆梦人生》诗集付梓有感

李建忠　2013 年 11 月 20 日于广州

柴门稚子早当家，
挈虎雄心越险崖。
天道酬勤经世志，
人生奋发走天涯。
文明处事群嘉慕，
磊落修身众口夸。
襟抱丹霞真雅士，
紫骝素愿振中华。

李建忠　华南师范大学图书馆原党总支书记

贺曹林光宗弟大作付梓

曹瑞宗　2013 年 12 月于湛江

百里雷州南渡河，
惠风吹处漾清波。
李桃栽罢三千树，
镇海楼前发浩歌。

曹瑞宗　广东湛江诗社常务副社长兼秘书长、《湛海诗词》常务副主编

曹林光族仁诗集付梓感赋

曹景官　2013 年 12 月于深圳

南疆半岛波涛涌，
灿烂风骚诗兴发。
欲效古风平仄韵，
木棉红豆更可夸。

曹景官　曹国文化研究会副会长、副秘书长，《曹风》杂志副主编

贺曹林光宗兄《圆梦人生》诗集付梓

曹彬　2013 年 12 月于湛江

夕阳甘露润春花，
浓郁馨香众口夸。
笔落大川描瑞景，
诗吟秉政颂清衙。
人情练达胸怀广，
世事洞明心态华。
时代强音惊世界，
神州圆梦展丹霞。

曹彬　湛江晚报记者、编辑

贺曹林光诗家佳作竣梓

杨世明　2013 年 12 月于广州

（一）

劲松挺拔气昂藏，
根系悬崖傲雪霜。
四季葱茏还自逊，
自强不息永朝阳。

（二）

乘风破浪赶新潮，
足智多谋避暗礁。
海阔天空舒壮志，
擒蛟捉鳖自英豪。

杨世明　广州文摘报记者、编辑部主任

后　记

酝酿已久的《圆梦人生》诗集终于付梓，对我而言，乃莫大欣慰。积数年秉笔勤耕，砺石苦磨，不敢说质量上乘，但可称是心血凝成。愿此书与老师同学们、图书馆同仁们、父老乡亲们、广大读者朋友共勉。更希望此书能起到抛砖引玉的作用，能为我们的文艺百花园增添哪怕是一丁点儿色彩，就是我最大的期望。

出版这本诗集，正逢我党建党93周年，又是十八大提出实现中国梦的开局之年，神舟十号探天成功之年，亦是新中国成立65周年，伟大领袖毛泽东主席诞辰121周年。在这激动人心、催人奋发的日子里，我心潮澎湃，思绪万千，恰好以这次付梓机会，感恩培养教育我的中国共产党，感恩赐我幸福的中华人民共和国及生我育我的父母亲！

出版这本诗集，回顾走过的人生旅程，追踪人生足迹，回味那刻骨铭心的苦难童年，那饱含酸甜苦辣的青壮年时期，那充满艰苦创业的峥嵘岁月，它令我终生难忘，感慨良多！我将这人生珍藏重新淘洗一遍，以经验教训鞭策自己，以人生感悟陶冶性情，更希望以此能给下一代有一丁点的教育帮助，这是我最大心愿。

出版这本诗集，使我深刻地认识到"功夫不负有心人"、"有志者事竟成"、"梅花香自苦寒来"这些历古弥新的醒世道理。与此同时，念念不忘请教过的知名诗家、老前辈们。在他们当中，有的已成为我的至交，而影响最深、直接给予教诲与帮助最大的有广东岭南诗社常务理事、副秘书长、培训部副主任王贵云先生及北京《诗词世界》杂志社李剑锋社长、主编郭云先生。更有不能不提及的中华诗词学会老前辈、原副会长、顾问，中共中央纪委老干局原局长晨崧先生，现任副会长、中华诗教中心主任赵京战先生，广东湛江诗社常务副社长曹瑞宗宗兄，《湛江晚报》曹彬编辑，《广州文摘报》杨世明主任，曹国文化研究会副会长、副秘书长曹景官等诗词界老领导、长者、平辈的不同程度的指点引导和帮助支持，且在百忙中为本书赋诗致贺，在此一并致以衷心感谢！

本书出版之际，承蒙中共广东省委原副书记蔡东士先生，广东省人大原副主任陈坚贤兄，广东省政协原副主席王兆林贤兄等老领导赐教题词；广州市政协原秘书长、知名作家吴茂信先生，华南师范大学文学院徐英教授在百忙之中抽时间为本书作序。承蒙暨南大学教授、中央文史馆书画院南方分院副院长、著名书画家胡江先生，广东省文联艺术馆首任馆长、中国书画院副院长、著名画家、书法家、雕刻家、诗人莫各伯先生，华南师范大学文学院党委原书记雷云开先生，中国书法家协会会员、广东省文史馆特聘馆员李建华先生，曹国文化研究会会长曹长明，山东省书法家协会会员、六代书法世家曹东林先生等名家赐墨宝。承蒙中山大学行政学院教授、博士后、博士生导师倪星先生，华南师范大学文学院教授、博士后、研究生导师庄森先生，华南师范大学图书馆党总支原书记李建忠先生，广东省委原副秘书长曹南才先生，广东省教育厅纪委原书记李敏先生，广东省政府侨联曹堪宏秘书长，广东省湛江吴川市委曹兴书记，广东省湛江信访局副局长、湛江市政府驻广州办事处曹兴华副主任等贤杰赋诗致贺本书付梓，他们的深情厚意，让我非常感动。在此，对他们的支持帮助致以崇高的敬意！还有暨南大学出版社人文社科分社社长杜小陆先生及本书责任编辑陈绪泉先生，他们对本书的出版提出不少宝贵意见，在此一并表示衷心感谢！

最后，以出版感怀赋诗一首作结：

老来尚雅学雕虫，李杜门前效咏翁。

楚韵唐音尤婉转，星辰日月自玲珑。

不求西子千般艳，却仰冬梅一点红。

但愿方家多赐教，声情并茂唱东风。

曹林光

2014 年 2 月于广州华南师范大学